全員が戦力になる!
人材育成
コミュニケーション術

株式会社野村運送
代表取締役
野村孝博
Nomura Takahiro

吉野家で学んだ経営のすごい仕組み

合同フォレスト

＊本書で紹介した吉野家およびその店舗に関する記述は、著者がアルバイトで勤務した１９９３～１９９６年当時の状況を基にしています。
＊本書に記載した「吉野家」の「𠮷」の字は、正しくは「土（つち）」に「口（くち）」と書きます。

はじめに

『うまい、やすい、はやい』

ＣＭでも話題となった元祖牛丼チェーン・吉野家のキャッチコピーです。知らない方はいないでしょう。安価で、お腹が満たされ、おいしい吉野家の牛丼は若いサラリーマンや学生の強い味方。同店を利用したことのある方も多いと思います。

そんな、気軽に利用できる吉野家ですが、「うまい、やすい、はやい」を実現するために、さまざまな創意工夫をしています。

接客・調理・作業のマニュアル化、アルバイトの教育、モチベーションの向上、本部からの応援体制、お金・数字の管理など――。本編で詳細に説明しますが、本当によくできた仕組みだと思います。

私は現在、埼玉県入間市で、グループ全体で年商16億円、従業員数１５０人の、創業から3代続く運送会社の社長を務めています。今から30年ほど前の1993年、19歳の頃から大学を卒業するまでの4年間は、吉野家でアルバイトをしていました。

地元の埼玉県入間市で新規開店する吉野家のオープニングスタッフとして採用してもらいました。大学生だった当時の私は、アルバイトを選ぶ際に、「仕事は楽なのか？」「新しい出会いはないか？」などという、いわば不純な動機が先立っていましたが、面接で仕事の内容を聞いたとき、「覚えることがたくさんあって大変そうだ……」と愕然としました。

不純な動機を打ち砕かれた私は、アルバイト初日の朝、「吉野家でバイトするのはやめてしまおうか」などと及び腰でした。正直、どう思い直したのか、緊張していたせいか覚えていませんが、きちんと出

筆者が社長を務める運送会社

勤しました。今思えば、やめると言い出す勇気がなかった程度のことだったと思います。

研修期間中はマニュアルを使った指導と、接客のロールプレイを受けました。そうした経験を経て、実際に開店して仕事ができるようになると、不純な動機がどこかへ行ってしまい、仕事の楽しさが理解できるようになりました。最終的には、アルバイトでも社員のいない時間帯を任されるようになり、日次決算までやっていました。

私がそこまでできるようになったのは吉野家が作り上げたすごい仕組みの賜物ですが、そうした経験が運送会社の社長になった今、大変役に立っています。

会社を引き継いだばかりの頃は、売り上げなどの数字管理はどんぶり勘定で月次決算もままならず、現場では信じられないようなトラブルが多発、労働環境を含めた社員待遇の悪さにも苛まれました。しかし、吉野家での経験を基に施策を進めた結果、会社は、入社時に比べて売上が2倍程度の規模となり、いまでは事故やトラブルも半減しています。

飲食店と運送会社では、業界はまったく違いますが、吉野家の仕事の仕組みはすべての業界に応用できるといっても過言ではありません。

本書では、私がアルバイトで身をもって経験した吉野家の仕組みを通して（本文ではそれを「吉野家エクスペリエンス」と名付けて各節の冒頭で紹介しています）、中小企業の社長が会社を伸ばすためにすべきこと、また、企業のリーダークラスの方が取り組むべきことや、現場で働く上で大切なことをまとめています。

第1章では当時の自分を振り返りながらひもとく、仕事における本質、第2章では顧客対応、第3章では社員教育、第4章ではコミュニケーション、第5章ではトラブル対処、第6章では数字の管理について、特に経営者向けの考え方や手法の提案、留意事項を現場での経験を交えながら解説しています。

本書が中小企業の発展や、企業における組織運営、現場で働く方々の成長のお役に立てれば幸いです。

野村孝博

もくじ

第3章　【吉野家バイト式経営術②】

マニュアルとロールプレイをフル活用する社員教育

第4章　【吉野家バイト式経営術③】社員のモチベーションを上げるコミュニケーション術

第5章 【吉野家バイト式経営術④】丸く収まる、ビジネスのトラブル対処術

第6章【吉野家バイト式経営術⑤】

事業を拡大するためのお金と数字の管理術

第１章

吉野家でのアルバイトは経営者としての原点

1-1 初めてのアルバイトでは、〝使えない人〟だった

苦しかった受験勉強を経て、晴れて大学に合格した1992年、18歳の4月、期待と不安に満ちた新生活が始まりました。大学の授業にも慣れて、友達もできた頃に、私は生活に物足りなさを感じてアルバイトを始めました。

友達を遊びに誘っても、「今日、バイトなんだ」と断られることが多かったため、単純にアルバイトというものに憧れていたのかもしれません。欲張って、塾の講師とファミリーレストランの掛け持ちを始めました。

塾の講師は、個別指導で3、4人の生徒を受け持って指導するというもの。ファミリーレストランは基本的に22時〜深夜2時の時間帯に勤務し、最初は洗い場の担当でした。

講師のほうは無難にこなしているつもりでしたが、今思えばやはり「先生」という立場を理解しきれていなかったのだと思います。細かい反省点はたくさんありますが、決定的な失敗がありました。それは、受け持ちの生徒A君が、夏休み前の授業で、夏期講習とし

て塾から勧められている講座について私に話してくれた時のことでした。

この講座は夏休みの期間中ほぼ毎日塾に缶詰めになるくらいのボリュームがあり、難易度も高かったのですが、私自身は率直に「いやいや、こんなにやるの、無理だろ~」と言ってしまったのです。そもそもA君自身も進んでやりたいわけでもありませんから、A君は親御さんに「先生が無理だって言った」と伝えてしまったのです。もちろん、悪いのは完全に私です。

この件が塾の上層部に伝わり、私はガッチリ叱責されました。この時、「野村先生はたいして苦労もしないで大学に入っただろうけど、彼はやらなければダメなんです」と言われたのです。私自身は高校3年の時、8時起床、26時就寝、毎日14時間勉強という生活を送っていたので、「たいして苦労もしないで」という言葉がその後も心に引っかかって、塾の講師は1年足らずで辞めてしまいました。

一方、ファミリーレストランでは、洗い場の仕事はすぐにある程度こなせるようになったものの、調理の仕事がなかなか覚えられませんでした。空いた時間に教えてもらうのですが、学生時分ですからメモを取ることもなく、マニュアルもなかったので、結局、覚えられないまま洗い場を続けているような状態でした。

当初は覚えられないことを気にしていなかったのですが、徐々に「使えない人」という視線が厳しくなってきて、それに奮起して頑張ることもせずに、こちらもまた1年足らずで辞めてしまったのです。今思えば、シフトの入っている時間帯に洗い物をしていればお金がもらえるという感覚でいたのだと思います。

塾の講師もファミリーレストランも、仕事ができるとかできないとか、誰かの役に立つとか、そうしたことをまったく考えていない学生気分のまま取り組んでいたのだと思います。当時を思い起こすと、なんともお恥ずかしい限りです。

1-2 誰もが〝使える人〟に変わり、楽しく仕事ができる指導法

そんな〝使えない人〟認定を受けた私ですが、大学2年生になって、家の近所に新規オープンする吉野家のアルバイト募集に応募しました。この時も、「深夜は時給がいいし、お客も少ないから楽そうだ」などという不純な動機で応募したのです。

しかし、面接で仕事内容の説明を受け、業務で使う分厚いマニュアルを見せてもらうと、もはや「大変そうだなぁ」という感想以外頭に浮かびませんでした。そんな状態でしたが、「やっぱり辞めた」と意思表示する勇気もなく、黙って逃げ出すことがダメだというくらいの道徳心は持ち合わせていたので、指定された日に出社しました。

私が働かせてもらった店舗はフランチャイズ店でしたが、開店日の前から研修が設定されており、本部の方が何人も応援に来て、われわれアルバイトに接客のロールプレイ*をしてくれました。

ここへ来て初めて気が付くのですが、私自身、塾講師の経験はあるものの、接客という経験はありません。しかも、人と話をすることが得意ではありませんでしたから、ロールプレイとはいえどうすればよいのかがまったく分かりませんでした。そこで、渡されたマニュアルが大きな力を発揮してくれたのです。

お客様への第一声は「いらっしゃいませ」、お客様が席に着いたら「ご注文よろしいで

*ロールプレイ――ロール「役割（role）」とプレイ「演技（play）」を組み合わせた用語。実際の現場や特定の場面を想定し、複数の人がそれぞれの役割を演じ、疑似体験の中でスキルを身につけ、適応力を高める学習方法。自らの対応を通して課題を明確にし、改善や技能向上につなげる。日本語では略称で「ロープレ」などともいう。

すか？」と続き、注文をうかがい、厨房（バックヤード）に通す――。この一連の流れには、すべてに決まった文言がありました。

またメニューも、牛丼が「並盛」「大盛」「特盛」の３種類とお新香やサラダなどのサイドメニューのみなので文言も当然少なくなり、覚えるのも苦になりませんでした。

そうやって、マニュアルを見ながら説明を受けた後、アルバイトが１人ずつ交替でロールプレイを行います。お客様に扮するのは社員の方。ほかのアルバイトは、同僚のロールプレイを見て勉強します。

フランチャイズ加盟店の社長、社員の方、本部の方々がお客様に扮して来店し、最初は「並と卵」「大盛」といった簡単な注文をするのですが、何度か繰り返すうちに、席に座る前に注文したり、こちらが「ご注文よろしいですか？」と聞く前に注文するなど、イレギュラーな行動をするようになります。

意地悪な注文をする本部の方を見てみんなで笑いながらも、対応できていない場合は真剣な指導がありました。研修が終わるころには和気あいあいとした雰囲気になり、当初のネガティブな気持ちが嘘のように払拭されました。

今考えてみると、開店前のロールプレイを経験できるというのはオープニングスタッフの特権だったと思います。実際にこれから仕事をする場所で、その仕事の練習ができるのですから、できるようにならないはずがありません。

すでに営業している店舗にアルバイトとして入店していたとすれば、ロールプレイを受ける機会もなく、通常のＯＪＴ*のみでの教育となるでしょう。**ロールプレイのいい点は、良くなかったところでいったん止まって指導を受けられることです。**

ＯＪＴでは、お客様が最優先になりますから、指導が後回しになります。指導する側はその場で修正すべき点を逃してしまう、指導を受ける側は接客に精一杯で自分がとった行動を覚えていない、などということがありますので、ロールプレイで細かい指導をすることは非常に大切だと思います。

そうした指導のもと、ネガティブだった私の思考が改善され、開店の日が楽しみになりました。

＊ＯＪＴ――「On the Job Training」の略語。実際の業務において、仕事をする上で必要となる知識や技能を習得させる、新人教育の手法。「職場内訓練」などと訳される。

1-3 優先順位を意識すれば、どんどん仕事が進む

しっかりとロールプレイによる教育を受けて、実際に接客するのが楽しみなくらいになり、いよいよ開店。そして、初めての接客です。吉野家ではお客様に直接対応する仕事を「カウンター」と呼び、その仕事の基本的な流れは、次のとおりです。

①オーダーを聞き、バックヤードに通す
②バックヤードから出てきた商品をお客様に提供する
③お客様が食べ終わったら、会計をする
④食べ終わった食器を下げる

バックヤードでは、カウンターから聞いたオーダーのとおりに商品を作ったり、カウンターから下げられた食器を洗ったりする仕事を担当します。現在、吉野家ではカウンター

業務を行うスタッフは端末をもってオーダーを入力していますが、当時はすべてのオーダーは暗記、会計は食べ終わったあとの食器を見てレジ入力をしていました。

お客様が1人であれば、①〜④を順番に行えばいいのですが、実際の業務ではそんなにうまくいくはずはありません。複数人のお客様に対するロールプレイも行いましたが、続けざまにお客様が入店すると、オーダーを記憶し切れなくなり、パニックに陥ります。

複数のお客様のオーダーを通しても、出てきた商品をどの席に持って行ったらよいか分からなくなってしまう。そうしている間に次のお客様が来て、新しい注文を受けて、バックヤードに通してしまう。さらにお会計を頼まれて対応をする……。

そんなことを繰り返していると、作った料理が出せないまま溜まってしまい、ますます混乱に陥ります。

しかし、そのような混乱は、**優先順位を意識すること**で解消できました。本来、仕事の流れは前記のとおりですが、優先順位の高さで並べ替えると、次のようになります。

②バックヤードから出てきた商品を、お客様に提供する
③お客様が食べ終わったら、会計をする

①オーダーを聞き、バックヤードに通す
④食べ終わった食器を下げる

ここで最も優先されるのが「商品の提供」です。これにより、商品が溜まらず、どこに持って行ったらよいかが分からなくなることも減っていきます。何より、出来上がったばかりの熱々の牛丼をいち早くお客様に提供することができます。社員の方には、私がパニック状態に陥っていることを見透かされて、このポイントを何度も教えてもらいました。

次に優先されるのが「会計」です。食べ終わったお客様は、お金を払って早く帰りたいもの。「はやい」がウリの吉野家ですが、やはりオーダーして商品が出来上がるまでに多少の待ち時間があります。その上、会計時にもお待たせするなどということは、避けるべきでしょう。こちらも理に適っています。

その次に優先されるのは、「オーダー」「食器下げ」の順です。「食器下げ」は、お客様をお待たせすることがないので、優先順位はいちばん低くなります。もちろん、新たに入店されたお客様が席に着こうとしたときに、空いた食器が所狭しと置かれているような状況ではすぐに片付けざるを得なくなりますが、私の経験ではそうした状況はありませんでした。

とはいえ、いつも順番どおりにいくとはかぎりません。来店されたお客様が、席に着く前に遠くからオーダーを言ってきたりすることも多々あります。あくまで優先順位を守りますが、無視するわけにもいきませんから、そうこうしているうちに、片づけをしながら片方の耳でオーダーを聞くなどということができるようになりました。そういった臨機応変な対応が身に付いたのも、**優先順位が整理された中で仕事を覚えた**おかげだと思います。そこがしっかりしていなかったら、いつまでたってもパニック状態だったことでしょう。

「プライオリティ・マネジメント」などという言葉を、当時はほかで聞いたことがありませんでしたが、吉野家ではそれがしっかりと実務化されていたのです。

1-4 チャレンジ思考は成功体験から生まれる

先述したとおり、面接で仕事の説明を受けた時は、「大変そうだなぁ」「こんなのできないよ」と思い、出勤当日に行くのをやめてしまおうかという思考に陥っていました。しかし、いざやってみてできるようになると、**「できた」という経験が気持ちを前向きにしてくれました。**その後、バックヤードの仕事や、一日の売上を締める棚卸・精算業務にチャレンジできたのも、カウンターの仕事ができるようになったからでした。

とはいえ、カウンターの仕事もスイスイとできるようになったわけではありません。前記の4つの仕事の一つひとつができるようになり、それらが自信になったからこそ、優先順位を整理しながら仕事に取り組めるようになったのです。

ある程度仕事がこなせるようになると、ちょっと苦しいくらいの状況が逆に心地よくなり、「何とかこなしてやろう」と前向きになれました。

この一つひとつの仕事も初めからできたわけではありません。要領のいいほかのアルバイトは、ロールプレイでも実際の接客でも変わらず対応していましたが、私はと言えば、実際に本物のお客様と対峙すると緊張してしまい、「いらっしゃいませ、ご注文よろしいですか？」という第一声の定型文が、「いらっしゃいませ……」で止まってしまうことさえありました。

しかし、これぱかりは場数をこなすしかありません。混雑時、カウンターは２人で担当していましたが、とにかくお客様が入店されたら、「いらっしゃいませ！」と元気な声を出すことで次第に次の言葉もスムーズに出てくるようになりました。

仕事を細かく分割して、一つずつできるようにしていけば大抵のことはこなせるはずです。仕事の全体像ばかり見て、「大変そうだなぁ」「自分にできるのかなぁ」と不安になっていては、仕事はできるようになりません。

「いらっしゃいませ、ご注文よろしいですか？」さえうまく言うことができなくても、「いらっしゃいませ」までなら言える。それさえままならないのであれば、お客様が来店されるまでに「いらっしゃいませ」と繰り返し声を出して練習する。

「しっかり言えた」という成功体験があれば、緊張することもなくなります。実際の接客では、次から次へと容赦なくお客様が来店し、混乱してしまうこともありましたが、**「自分ができたこと」「新たにできるようになったこと」**を実感することで、**「ここまでできるようになったから、次はここまでできるようになろう」**と考えられるようになります。

少し話が脱線しますが、広島東洋カープを三連覇に導いた緒方孝市監督は、初登板でめった打ちにあった新人投手に対して、「1アウト取れたじゃないか。次は2アウトを取れ」と指導したそうです。仕事をしていれば、うまくいくことばかりではありません。初めて取り組む仕事であればなおさらです。良い結果が出なかったとしても、過程の中で自分がしっかりできた部分は必ずありますから、そこから次のステップに踏み出しましょう。

1-5 仕事の全体像を把握する

吉野家のアルバイトに応募したのは、先述のとおり「深夜勤務の時給のよさ」と「お客が少なくて楽そう」という不純な動機でした。ところが、実際にはまったく楽な仕事ではありませんでした。深夜は確かに客数が少なく、接客に割かれる時間も少ないのですが、その分、しっかりと割り当てられた作業があったのです。

当時の吉野家は24時間営業。その間、ずっと同じ専用鍋にタレを入れて、牛丼を作っています。作る量は入客数によって調整しますが、たくさん肉を煮て、それを提供していくためにタレの品質を保つ工夫がなされており、この作業が重要です。

もちろん、この作業中もお客様がいらっしゃれば牛丼を提供しなければなりませんので、できるだけ早く終わらせる必要があります。バックヤードの仕事に熟達したスタッフでなければうまくできない作業です。

また、一日の売上を計算する作業もありました。これは、商品や備品の在庫をすべてチェックした上で、その日の売上などを計算するというものです。

システムがしっかりしているため、手順どおりに端末に入力すればこなせるのですが、お店の商品や備品など、全体を把握していないとできない作業です。このほかにも駐車場やトイレの掃除、窓拭き、床のデッキブラシがけなど、店舗を清潔に保つ作業が決められていました。

通常、深夜は2人での勤務でしたので、2人ともバックヤードの仕事までできないと、交替で休憩を取ることもままなりません。どちらかが休憩している間は、1人で接客して、1人で牛丼を盛り付け、提供しなければならないのです。そう考えると、一時期話題になった某牛丼チェーンのワンオペというのは、ちょっと信じられないのですが、もしかしたら、作業は最低限にしていたのかもしれません。

私がアルバイトした店では、オープン当初は、1人だけいた社員の方が深夜を担当していました。少しバックヤードの仕事ができるようになっていた私も、ある時期から深夜に入らせてもらい、いろいろと教えていただきました。

おそらくこの時は3人で勤務していたと思います。そうした勤務を経て、初めてアルバイト2人だけで深夜勤務を行う日が来ました。私は精算業務を覚えており、もう1人の方はタレを扱う作業を覚えており、２人で協力して業務に当たっていました。

ところが、私が精算業務の途中で入力を間違えたのか、端末の画面に見たことがない内容が表示されてしまい、迷った末に、深夜2時にもかかわらず社員の方に電話をしてしまいました。そんな苦い思い出もありますが、何とか翌朝8時に引継ぎの方にバトンを渡せたときは、達成感を感じたものです。

学生でしたから、通常は17時～23時までの時間帯か、23時～深夜を経て翌朝8時までにシフトを入れてもらっていましたが、深夜勤務を経て日中の作業にも興味が湧き、日中にもシフトを入れてもらうようになりました。

すべての時間帯を経験すると、お店の一日の流れや、全体像が把握できて、各時間帯に割り振られた作業に、その時間帯で行わなければならない理由があることも分かり、「割り振られた作業」が「必要な作業」に変わりました。

仕事の全体像を把握することによって作業を行う意義が理解できるので、作業に取り組む姿勢も変わったのです。

1-6 お客様の動きを見て、先手で動く

吉野家のアルバイトでは、1-3で触れた業務の「優先順位」のほかに、仕事をこなすための重要な要素である「**先手で動く**」ということを教わりました。

お客様が「すいません」とか「会計をお願いします」などと声をかけてくることは、すなわちお客様をお待たせしているということだとも言われましたが、当初は受け入れられませんでした。仕事の覚え始めは、やることが次から次へと押し寄せて、先手で動く余裕などありませんから、受け入れられないのも無理はないでしょう。

しかし、徐々に仕事を覚えて、優先順位が整理されてくると、先手で動くことのメリットも理解できるようになりました。

先手で動くためにはお客様の動向をしっかりと見ておく必要があります。来客が少ない時間帯に作業をしているときでも、短い間隔でお客様のほうを見るようにと、さんざん言われました。

それさえなかなかできなかったのですが、実際に見ているとお客様のお茶がどの程度減っているかも、湯飲みの角度で分かりますし、そろそろお会計をしそうなお客様も分かるようになってきます。お客様によっては、声をかけてもスタッフが気付かずに不快な思いをされることもあるかと思いますので、「お客様のほうを見る」というのは非常に重要なことです。

お会計が近いお客様には共通のしぐさがあります。それは「すでに食べ終わっている」「財布を出そうとしている」「席を立とうとしている」など、非常に分かりやすいものです。ですから、別のお客様が入店され、そのオーダーを受けてバックヤードに通している間に、そうしたしぐさが見受けられれば、牛丼がバックヤードから出される10〜15秒弱の間に、先のお客様のお会計を済ませてから提供ができるわけです。

お客様のしぐさをとらえられず、声を掛けられてからだと、牛丼が出てくるタイミングと重なってしまいます。そうすると提供が優先になりますから、お会計のお客様をお待たせすることになってしまうのです。

お会計のときも気を付けなければいけません。タイミングを見誤ると、お客様を急かす結果になってしまうからです。食べ終わって一息ついているところなのに、「食べ終わっているからお会計を」と先手を打ってしまうと、お客様の中には「早く帰れってこと？」と受け取る方もいらっしゃいます。

先手で動くというのは、お客様のためにもなりますが、何より自分のためになります。仕事は、指示を受けて動くのと、自分で考えて動くのとではモチベーションが大きく変わってきます。厳しい言い方をすれば、人に言われてから動き始めるようではいい仕事はできませんし、仕事が楽しくなりません。

自ら考えて、先手で動いていくことが大切です。

ただし重要なのは、「結果を出そう」とか「効率よく仕事をこなそう」という利己的な考えで動かないことです。目的はあくまでお客様をお待たせしないため。**仕事はすべて、お客様や同僚のために行うものだと肝に銘じて、先手で動きましょう。**

1-7 チームで切磋琢磨することが成長を早める

吉野家ではアルバイトでも出世します。もちろん、スキルアップによって時給が上がるアルバイト契約はどこにでもあると思いますが、吉野家はそれがより明確で、昇格するとネームプレートにシールが貼られていきました。

Bチャレンジャーは黄色、Aチャレンジャーは赤、その先は忘れてしまいましたが、5段階くらいの伸びしろがありました。私は、時給が上がることよりもシールを貼ってもらえたことに高揚感を覚えた記憶があります。たかがシールなのですが、「マズローの欲求5段階説」の4段階目「承認欲求」が満たされたのでしょう（図1）。

吉野家は当時、365日24時間営業ですから、店舗の社員・アルバイトの中の誰かが常にお店を運営しています。一方で店舗の懇親会を開催する場合には、全員出席が望ましいとされていました。もちろん、必ず全員参加とはいかないのですが、夕方勤務（17時〜23

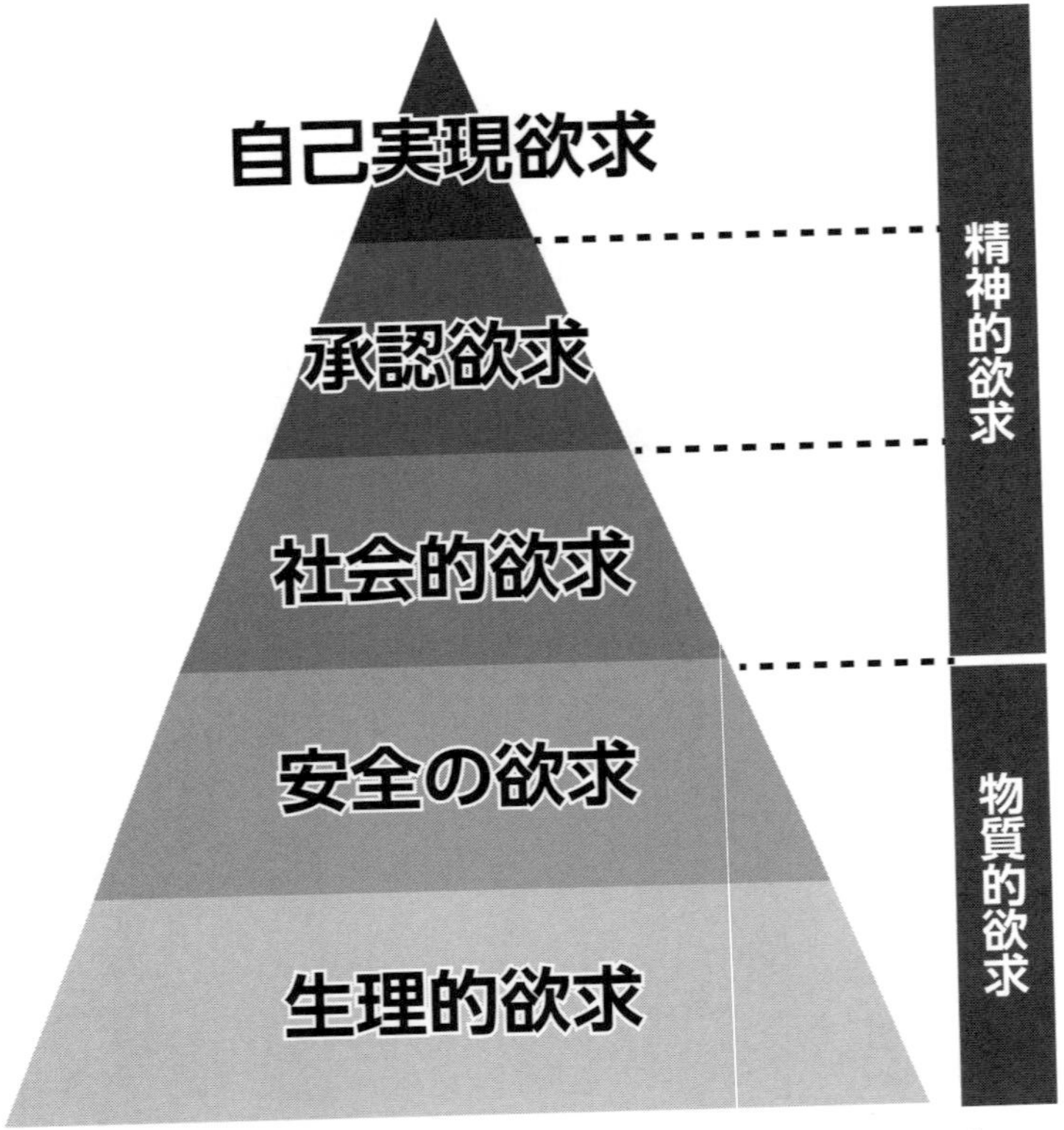

図１　マズローの欲求５段階説。米国の心理学者アブラハム・マズローが著書『人間性の心理学』で発表した心理学理論。マズローの研究には「人間は自己実現に向かって成長する生き物である」という考え方が根底にあり、人間の欲求を５段階の階層（欲求ピラミッド）で説明した。５段階の欲求では、下位の欲求から順に満たしていくことで、最終的に自己実現に至るとされる

時まで）と深夜勤務（23時~翌朝8時まで）の分は、他店から応援のスタッフが来てくれて、全員参加を後押ししてくれました。

おかげで、店舗が営業していても、「同僚が働いているのに……」という後ろめたい思いをせずに懇親会に参加することができます。普段のシフトの関係で一緒に働くことがない方ともお話ができるので、貴重な機会です。そうなると、話す内容はやはり仕事のことになります。作業はどうこなしているのかとか、どんなお客様がいるのかとか、先述したネームプレートのシールの話なども出てきました。

同年代のメンバーが自分より昇格しているとやはり悔しいもので、それを知って、後日さらに仕事を頑張りました。日曜や祝日にシフトを入れてもらうこともありました。メンバーには、日中に入っている主婦の方から、夕方は高校生や大学生、フリーターの方まで、深夜は日勤の仕事と掛け持ちなどという強者もいらっしゃいました。

私は当時大学2年生で、メンバーの中ではどちらかといえば若いほうだったので、かわいがっていただきました。スタッフの間には一体感があり、今でいうところの「ワンチーム」になっていました。

他店からの応援を受けて、お店が「ワンチーム」になったように、逆に他店へ応援に行くケースもありました。私自身もアルバイトを始めて1年くらい経ったころに、応援に行ったことがあります。それまでは、アルバイト先の店の誰かが他店の応援に行っているなどいうことはまったく知りませんでした。応援に行くときはもちろん1人です。つまり、その店舗は先述したような事情により、複数の店舗から集まったスタッフたちが運営するのです。これは応援に行ってみて初めて分かったことでした。

初めて応援で店舗に到着したときには、「オレが役に立たなかったら、ウチの店がバカにされるなぁ……」というネガティブな気持ちが湧いてきました。しかし、いざ仕事が始まったら「お店を背負っている」という気持ちになり、見ず知らずの方々と連携して何とかお店を回すことができました。

それでも、ほかのメンバーと比べると、「何とかついていっている」という状況で、十分な戦力になっていたかは分かりません。しかしその時、まったく知らない方々と切磋琢磨して応援をやり遂げたことで私は大きな達成感を味わいましたし、その一度の応援の経験によって、大きく成長できたと思います。

column

学生時代の私への指導方法

本章では、お恥ずかしいばかりの学生時代のアルバイトのエピソードを書かせていただきました。今思えば、こんなアルバイトを使う社員の皆さんのほうが大変であったことは、想像に難くありません。不純な姿勢のアルバイトを何とか矯正しようとしてくれたのかもしれませんが、残念ながら今となってはそんな記憶も消えてしまっています。

ここまで、吉野家の指導法がよかったと書きましたが、他社でアルバイトした際に受けた指導法が悪かったとは必ずしも言えません。私がその指導に共鳴しなかっただけのことなのだと思います。

これは会社にとどまらず、指導する人や教材、言葉など、さまざまな要素の中で、指導される側が共鳴するかどうかということによって変わってくるのだと思います。

中には共鳴することなく、のんべんだらりとアルバイトを続けるような人がいるかもしれませんし、逆に、どんな指導や言葉にも共鳴してどんどん成長するアルバイトもいることでしょう。そんな、人を共鳴させる方法があれば弊社でも早速導入したいところですが、こればかりは最終的に本人次第です。何に対して共鳴してくれるか分からない中で、指導する側は根気よく、あの手この手で指導を積み重ねなければいけません。

1回の指導が暖簾に腕押しでも、2回、3回と積み重ねることが大切です。同じことは何度も言いたくないはずですが、**指導する側が飽きたら負けです**。粘り強く指導を続けましょう。

【第1章のまとめ】

1 仕事は学生気分ではダメ

2 ロールプレイで「指導優先」。その場で指導することが大切

3 優先順位で仕事を整理

4 小さな成功体験を次のステップに

5 仕事の全体像が分かれば、必要性も理解できる

6 お客様、同僚のために先手で動く

7 切磋琢磨することが自己成長につながる

第２章

【吉野家バイト式経営術①】地道に結果を出し続ける営業術

2-1 重要度が高く、かつ緊急度が低い仕事こそ真っ先に取り組む

【吉野家エクスペリエンス】

第1章3節（以下、1-3）で「優先順位」について書きましたが、そこでの優先順位は接客に絞ったものでした。仕事の全体像から見ると、接客以外にも多くの作業がありまし。時間帯によって来客数には波があり、吉野家では、お客様が少ないときには接客以外の作業が時間帯ごとに割り振られていました。

例えば、使用済み食器の洗浄、使用済みの割り箸をはじめとしたゴミの処理、お客様が使用する箸やしょうゆ、紅生姜、唐辛子の補充、お新香やサラダの準備、お店の清掃、牛丼の品質を維持するためのタレ調整、配送された商品の検品・格納、精算など、接客以外にもやることが目白押しです。

そうした仕事は、緊急度と重要度という2つの要素を柱として4つに分けることができます。図2にあるように、A**「緊急度・重要度ともに高い」**、B**「緊急度が低く、重要度**

が高い」、C「緊急度が高く、重要度が低い」、D「緊急度も重要度も低い」の４つです。

Aの「緊急度・重要度ともに高い」仕事が、接客を含めたお客様対応になります。お客様が少ない時間帯で作業をこなしていたとしても、お客様がいらっしゃれば、その対応が最優先となります。

Bの「緊急度が低く、重要度が高い」仕事が、来客が少ない時間帯の作業にあたり、これが非常に重要です。

Cの「緊急度が高く、重要度が低い」仕事ですが、これは吉野家では記憶する限りありませんでした。そもそも「重要度が低い」のですから、本当にやる必要があるか

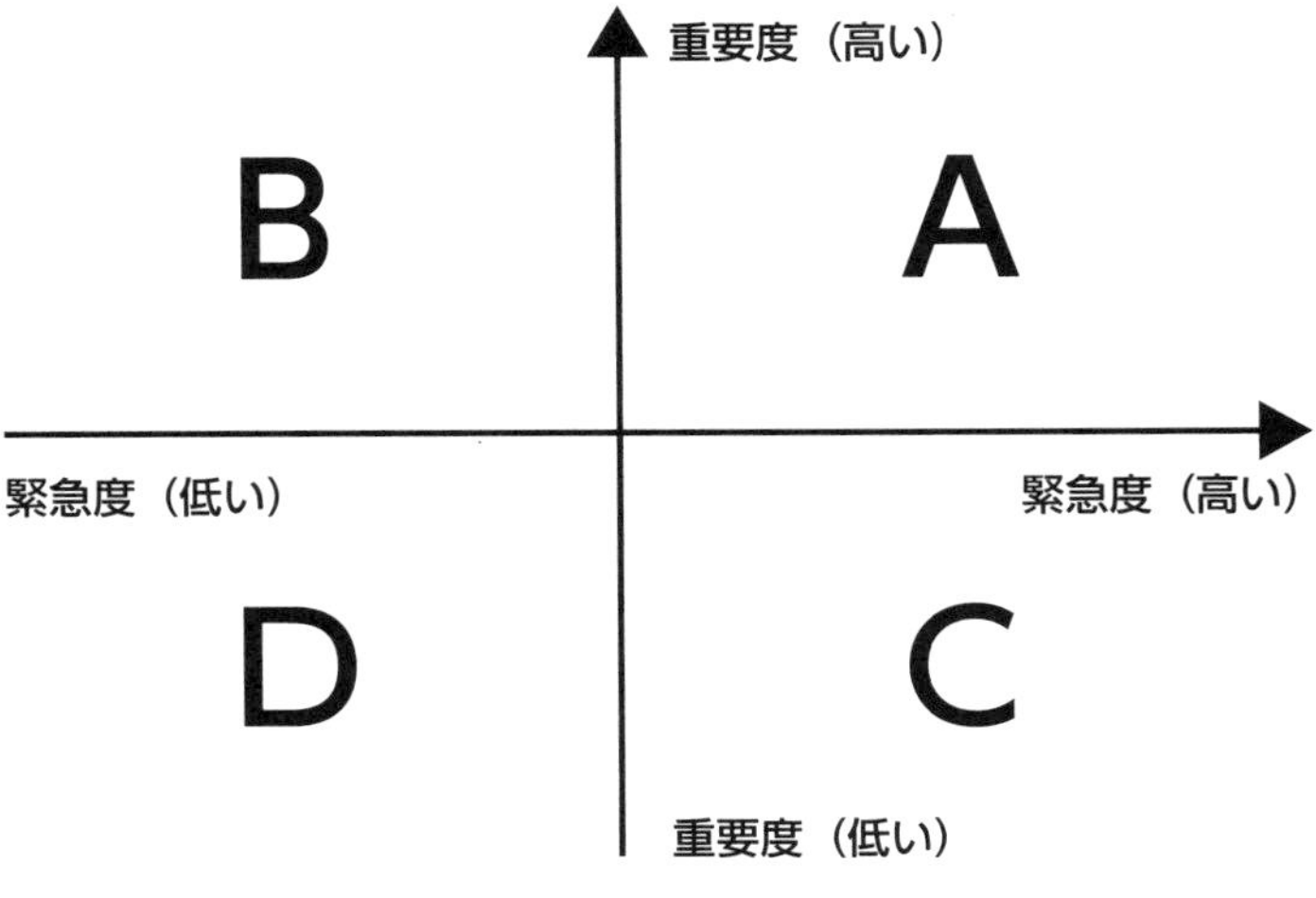

図２　仕事の緊急度と重要度

を検討しなければいけない領域の仕事です。

Dの「緊急度も重要度も低い」仕事もなかったと記憶しています。それだけアルバイトのやる仕事はブラッシュアップされていました。

＊　＊　＊

運送会社は、業務上、突如としてAの「緊急度・重要度ともに高い」仕事が発生してしまいます。例えばトラックの故障です。トラックが故障して、走行が続けられないとなれば、積んでいる荷物をどうするか、故障したトラックをどうするか、ドライバーをどうするかをすぐに判断して行動に移さなくてはなりません。あるいは、ドライバーが体調不良になってしまうというケースもあります。

また、交通事故の場合も同様です。先述した対応に加えて、謝罪や交渉も必要になってきます。たとえ交通事故が軽微なもので、ドライバーが仕事を継続できるようなケースでも、上席者が即座に謝罪・交渉に伺うことは非常に重要です。**事故やトラブルへの対処は初動が肝心**。早く動けば動くほど、相手に誠意が伝わります。

こうしたA「緊急度・重要度ともに高い」仕事が、通常業務に割り込んでくることによって、B「緊急度が低く、重要度が高い」仕事が後回しにされてしまいます。時には、D「緊急度も重要度も低い」仕事が明らかになり、その作業をスリム化できるケースもあるでしょう。しかし、B「緊急度が低く、重要度が高い」仕事は疎かにしてはいけません。例えば、Bである社員教育を中止にしてしまっても誰にも迷惑はかかりませんが、その分会社の成長が止まると心得て、しっかりと取り組むことが必要です。これについては3-1で詳しくお話しします。

2-2 話すことが苦手でも必ず変わることができるロールプレイ

【吉野家エクスペリエンス】

吉野家のロールプレイは、「いらっしゃいませ」や「ありがとうございました」といった、簡単な接客トークを発声する練習から始まりました。私は社長になった今でこそ、話し方やプレゼンの手法などを学ぶようにもなりましたが、学生当時は発声を練習する意味が分かりませんでした。もちろん、自分の話している声が相手にどのように伝わっているか、などと考えたこともありません。

実際に発声してみても、当然やり直しをさせられました。「明るく、ハッキリと言いなさい」と繰り返し指導を受けましたが、そうした意識のない学生にとっては、「そんなに細かいところまで指導されるのか」と衝撃を受けました。

発声練習でなんとか合格点をもらうことができても、いざ一連の接客の流れの中で実践するとなると、ハードルが上がります。私自身はもともと早口で口ごもったような話し方だったので、相当意識をしていないとそこから抜け出した発声はできませんでした。器用なほうではないため、お客様にお茶を出して、オーダーを聞くという初歩的な接客でも、しっかりとした発声で受け答えをすることがなかなかできませんでした。

今でも話すことは得意ではないので、吉野家のアルバイトで学んだ発声練習をしっかり意識するようにしています。しかし、常に「明るく、ハッキリ」を続けようと思っても、なかなかうまくいかないものです。もちろん、自然に意識し続けることができたり、気持ちのいい発声がスムーズにできたりする方もいらっしゃるでしょう。そのどちらでもなかった残念な私でしたが、場数をこなすことで、求められる発声が身に付いていきました。

常に「明るく、ハッキリ」を意識して接客をしようとがんばっても、なかなかうまくできなかった私がそのように接客できるようになったのは、ロールプレイで量をこなすことによって「潜在意識」に叩き込まれたからだと思います。

＊＊＊

人間の「意識」は、自らの意志でコントロールできる「顕在意識」の領域と、無意識で自覚できていない「潜在意識」の領域の二つに分かれます。「顕在意識」は3～10％、「潜在意識」は90～97％と、圧倒的に「潜在意識」のほうが意識の広い領域を占めるといわれます。**「潜在意識」に浸透するまで覚え込めば、あとは無意識にできるようになっていく**のはそのためなのです。

車の運転を例に挙げてみます。教習所で運転を習いたての頃は「右手でハンドルを持って、左手でギアを操作し、右足でアクセルやブレーキを踏み込む」というように、両手足の動きを意識しながら運転を行います。つまり、顕在意識を使っているのです。私自身も免許取得の際、そのように運転をしていましたが、教習が終わった後は頭が大変疲れて、「運転って大変だなぁ」と思っていました。

しかし、慣れていくに従って、意識をせずに、考えごとをしながらでも運転できるようになりました。顕在意識のもとで車の運転を繰り返すうちに、それが潜在意識に浸透し、無意識のうちに潜在意識が働いて手足を動かし、運転ができるようになったというわけです。

発声に限らず、自分を変えたいと思うのなら、**潜在意識に浸透するまで「量」をこなしましょう。**

2-3 営業は定型文の暗記から始めよう

【吉野家エクスペリエンス】

開店前のロールプレイでは、接客の定型文を徹底的に暗記することが求められました。お客様が入店したら「いらっしゃいませ」、席に着いたら「ご注文よろしいですか?」、注文を聞いたら、例えば「牛丼並とみそ汁ですね」と復唱し、「並一丁、みそ汁一杯」とバックヤードにオーダーを通します。提供時には「お待たせしました。牛丼並とおみそ汁です」、会計時には「牛丼並とおみそ汁で４５０円です。５００円お預かりします。50円のお返しです。ありがとうございました。またご利用くださいませ」。お客様の注文に違いはあれど、基本的にはこれだけですから、暗記することもそれほど苦にはなりませんでした。

こうしたマニュアルどおりの接客には批判もありますが、仕事の初期段階では決められたことをきちんとこなすということが重要になります。やるべきことがきちんと決まっていれば、教えるほうも教わるほうもやりやすいですし、全体的に同じ質が保てます。

マニュアルに則った定型文を暗記して使用していると、そこから外れたお客様のイレギュラーな反応に面食らってしまうこともあります。しかし、そうした経験を経て徐々にマニュアルにはない対応ができるようになりました。仕事の第一歩は、誰しも試行錯誤するものですが、まず手本とするべきマニュアルがあれば、それに従って仕事を進めることで短期間のうちに成長できるのです。

＊＊＊

弊社のような中小の運送会社では、専任の営業マンがいないケースも多いでしょう。新たな営業をしなくても、同業者間で日々の仕事を融通し合うなどして、それなりに何とかなってしまうのが運送業界の特徴の一つです。しかし、そうした姿勢では企業は成長できません。成長していくには営業と社員教育が不可欠です。

営業しなくてはいけないのですが、専任の営業マンを採用する余裕がない弊社のような会社は、社長自ら営業をするしかありません。とはいえ、私自身は若い頃、話すことが苦手で、雑談するにも何を話したらよいかと悩むような人間でした。営業なんていう仕事は特別に優秀な人間がやるものだと思っていたのです。

かつて中堅の運送会社でドライバーとして働いていた頃、ドライバーの仕事が少ない時に、「営業に行ってこい」と指示を受けました。最初は先輩ドライバーと一緒でしたが、その先輩も「営業なんてやったことがない」と言っていました。

そんな状況での飛び込み営業です。知らない会社の扉を開けるのは嫌なものでした。扉を開けたら売り込まなければいけないものの、何を話したらよいか見当がつかず、お客様からすれば、訳の分からないことを言う2人の話を聞かされていたのだと思います。

そんな時に吉野家時代のロールプレイを思い出しました。

「はじめまして。私たちは○○を拠点とする運送会社の者です。新規のお取引先開拓で、近隣の企業様にご挨拶をさせてもらっています。物流の担当者様はいらっしゃいますか？」

と、最初の言葉を定型文にして暗記しました。訪問先の扉を開けた際に、まず何を言うかを決めてしまうのです。そうすれば、初対面で逡巡することはありません。この方法でまずはどんどん数をこなすのです。

これは営業に限った話ではありません。うまくできなくても、思うように結果が出なくても、とにかく**数をこなすことです。こなした「量」は必ず「質」に転化**します。

2-4 「日次決算」を応用して在庫管理の品質改善

【吉野家エクスペリエンス】

吉野家では1日の売上を締める作業を毎日行います。その作業もしっかりとマニュアル化されており、アルバイトでも処理できるようになっています。

この作業のすごいところは、売上以外の項目も算出する点です。詳しくは申し上げられませんが、つまり「日次決算」を行っているのです。その精度はとても高いものになっていました。

日次決算を行うには、その日に使用した材料の量が分からなければなりません。そのために必要なのが棚卸です。以前アルバイトをしたファミリーレストランでは、月に一度棚卸を実施していましたが、社員が「今日は棚卸だぁ」と大変そうにしていたのを覚えています。ぼんやりと、「月に1回行う大変な作業」という印象でしたが、吉野家で「精算」を教えてもらい、しばらくしてから「これって、棚卸だ」と気が付きました。

さらにそれから10年を経て「これって、日次決算だったんだ」と気付かされるのですから、すごい仕組みだと思います。

それにしても、毎日棚卸ができるのは、

①販売している商品が特化されているため、商品のアイテム数が少ないこと
②極力、在庫を絞っていること

が大きな要因です。ですからファミリーレストランのように取り扱う商品数が多いところでは、毎日行うわけにはいきません。月に一度実施するにしても、時間がかかる作業であることは間違いないでしょう。

＊＊＊

一方、弊社は運送会社ですから、商品をトラックに積んで運ぶのはもちろん、商品を倉庫で預かり、注文が入ったら出荷、配送を代行するというサービスも行います。このとき、在庫管理も代行します。私が入社した際これらの業務を前任者から引き継ぎましたが、棚卸時に在庫差異が出てしまうケースがままありました。在庫差異とは、実際に在庫している商品と帳簿上の在庫の差をいいます。

在庫差異が出る原因はさまざまあり、取り扱う商品の種類や数量によってお客様と打ち合わせの上、在庫差異の許容範囲が設定されます。残念ながら、かつて弊社のサービスはその許容範囲を大幅に逸脱していました。月に一度、棚卸をして、小さくない差異が見つかるのですが、差異が出た商品について振り返ってみても原因は分かりませんでした。

そんな折、「吉野家の精算」を思い出し、とにかく毎日棚卸をしてみることにしました。私自身も「棚卸＝時間がかかる作業」という印象が拭えず、月に一度しかやっていませんでしたが、すべての出荷が終わった後、遅い時間でもとにかく毎日やってみました。

在庫が合わないところが見つかれば、出荷作業の担当者に連絡して、すぐさま確認しました。当日のことですから作業担当者も記憶が鮮明で、原因を究明することができました。

棚卸を毎日行うことは物理的に不可能な場合が多いかもしれません。しかし、短期間でも毎日やることで在庫差異が発生する要因がつかめるようになり、その要因をしっかり作業者に伝え、ミスなどを防ぐためにマニュアル化することがお客様からの信頼や品質の向上につながるのです。

これは、われわれ運送業界に限ったことではありません。「建設現場の作業工程が予定どおりに進まない」「小売店の1カ月の売上が目標に届かなかった」などの場合も、毎日つぶさに現場を見ていれば必ず原因が分かります。

2-5 自社における優先順位の決め方

【吉野家エクスペリエンス】

吉野家における仕事の優先順位については1-3で触れたとおり、最優先はやはりお客様対応です。しかし同社では、緊急度が低く重要度が高い作業が、お客様対応の合間に上手に盛り込まれていました。

＊＊＊

弊社のサービスで最優先なのは、お客様の商品をお預かりして、指定された場所に届けることです。各ドライバーに指示を出して指定された場所で商品をお預かりし、指定された時間に指定された場所へお届けします。しかしこのサービスは予定どおりにこなすことができればいいので、緊急性は高くありません。

緊急性も重要性も高いのは、まずサービスに付随する情報です。特に見積もりはスピードが命ですから、依頼があってからお待たせすることなく提示するのがベストです。見積もりを依頼してくるお客様は、その見積もり金額を基準に、ご自身のお客様に折衝します。そのため、見積もりの提示が遅くなれば、お客様の動きも遅くなり、ビジネスに影響が出てしまいます。

先述したとおり、どんな仕事にも前工程と後工程があります。ですから、弊社では後工程をスムーズにするために、依頼された見積もりは、原価計算をしっかり行って、ほぼ当日に提示しています。この点を評価してくださるお客様が多く、多少単価が高くても弊社に発注いただく場合もあります。

ほかにも、使用するトラックの車両ナンバー、担当するドライバーの名前と携帯電話番号など、求められる情報はいくつもあります。それ以外の問い合わせにどれだけ迅速に回答できるかで、受注できるか否かも変わってきます。

トラブルへの対応も緊急度が高いです。予定どおりに仕事をこなしてくれればいいのですが、トラックは故障することもありますし、ドライバーが体調不良になることもあります。予備のトラックを置いている会社もありますが、ドライバーの体調不良のために余剰人員を雇っておくような会社はほとんどありません。そうしたトラブルの場合は、管理職が代わりに乗務することになります。もちろん私自身もトラックに乗ります。

運送会社でトラブルといえば交通事故です。事故対応は、事故の大小や過失の有無にかかわらず即座に対処しなければなりません。管理職はできる限り現地に急行するべきです。情けない話ですが、かつては事故の程度を軽く見て、対応を後回しにしたことで相手を不快にさせてしまったり、お客様が先に謝罪に行ってしまったりということがありました。

以前、逆に弊社が事故の被害者となったケースがありました。幸いドライバーにケガはなく、車両も少し傷がついた程度だったので修理の必要もないくらいでしたが、、相手の運送会社が県をまたいで、わざわざ当日中に謝罪に来てくれた経験がありました。このような経験から、弊社でも、どんなに軽微と思われる事故やトラブルであっても即座に謝罪に伺うようにしています。

そうした緊急対応に追われて犠牲になるのが、日常の事務仕事と営業、社員教育です。事務仕事は、締日までに分散して処理するなどしてもらいますが、それでも負担が大きくなる時は、ほかの社員の手を借ります。営業活動はアポイントを取るなどしていなければ、先延ばしになってしまいます。社員教育も、担当者がトラブルの対処に動かなければいけない時は延期にします。

営業も社員教育も、お客様への情報提供とトラブル対処に比べると緊急度は低いので、お客様対応が優先となります。社内の対応は延期することはできますが、重要度はお客様対応と同じかそれ以上なので、会社の未来を考えると中止はあり得ません。

とはいえ、社員に過度な負担をかけることもお勧めできませんので、こうした時こそ経営者あるいはリーダーの踏ん張りどころといえるでしょう。

「トラブルがあったから」「忙しかったから」と、社内の緊急性の低い仕事を後回しにする理由はどんどん出てきますが、重要性が高いことを肝に銘じて取り組みましょう。**トラブルの時こそ会社の真価が問われます。**

2-6 価格設定は徹底した原価計算から

【吉野家エクスペリエンス】

吉野家の牛丼は、私が働いていた1993年当時は一杯400円でした。「うまい、はやい、やすい」と謳っているだけあって、利用者にとってはとても割安感のある価格設定でした。さらに100円引セールなどというイベントを仕掛けていたのですが、これは実に25%割引というとてつもない価格設定でした。

しかし、本章の4節で触れた精算、つまり日次決算で、当日の売上や利益、利益率、原価率までしっかり管理されており、100円引セールのときは、来客数の増加によって割引分をしっかり補い、利益が出ていました。

もちろん、来客数が増えるのでアルバイトも増員し、人件費も増えますが、それらも含めた上での計算し尽くされた価格設定だったのだと思います。当時、もう少しこのあたりの数字に興味を持っていれば、もっといろいろなことを勉強させてもらえたと思うと、今さらながら悔やまれます。

その後、松屋やすき家などの競合チェーンの台頭で、４００円でも割安に感じられていた牛丼の価格が２８０円まで下がりました。吉野家の牛丼並盛の価格を年代別にまとめました（表１）。

＊＊＊

商品の価格設定は、原価を積み上げて、希望する利益を乗せたものにできればいちばんいいのですが、それでは価格競争に勝つことはできません。原価と相場のせめぎ合い

発売開始時期	並盛単価	備考
1966 年～	200 円	1968 年 6 月、松屋 1 号店開店
1975 年～	300 円	1982 年 11 月、すき家 1 号店開店
1985 年～	350 円	
1990 年～	400 円	
2001 年 8 月～	280 円	2000 年 9 月に松屋が並 290 円に値下げ
2004 年～	販売休止	BSE（牛海綿状脳症、狂牛病）の蔓延
2006 年 9 月～	380 円	
2013 年 4 月～	280 円	2010 年にすき家、2011 年に松屋が 280 円に値下げ
2014 年 4 月～	300 円	2014 年 4 月 1 日より消費税増税、同時期に熟成肉導入
2014 年 12 月～	380 円	2015 年 4 月にすき家が 350 円に値上げ
2019 年 10 月～	387 円	
2021 年 10 月～	370 円	
2022 年 10 月～	448 円	
2023 年 10 月～	468 円	

表１　吉野家の牛丼（並盛）の価格推移　＊著者調べ

の中で、原価を徹底的に削減して競合相手に勝てるようにしなければなりません。一方で、競合相手が真似できないような商品やサービスを開発し、それらが求められた時にしっかりと利益を見込める価格設定にします。

ただし、弊社のような中小の運送会社では、競合相手が真似できないようなサービスを開発することは難しいため、競合他社との比較によって価格を設定することがほとんどです。このとき、人件費が40～50％、場合によってはさらに高い割合を占めるケースもありますので、残りの原価を削減していかなければなりませんが、それだけでは相場に追いつかなくなり、人件費に手をつけてしまうことも多くなります。

手を付けるといっても、そもそもそこまで原価を把握しておらず、ドライバーの給料を維持するために長時間労働で折り合いを付けてきたのがわれわれの業界です。給料はそのままで長時間労働になるのですから、結果として人件費に手を付けていることになります。過当競争に晒されて、どうにかドライバーの給料を維持するために、長時間労働で折り合いをつけていたのがわれわれの業界です。運送会社の経営者の間では「運賃が安い」などという愚痴めいた言葉がよく聞こえてきますが、どれくらいの金額が必要かという声は聞こえてきません。

まずは、トラックをどれくらいの期間使うのか？　距離はどのくらい走るのか？　ドライバーの作業はどのくらいの負担があるのか？　ドライバーにどれだけの給料を払いたいのか？　などを考慮して、しっかりと原価計算をするべきです。

そこから相場と折り合いを付けるために、どの原価を切り詰めるのかを考えます。すべてを具体的な数字で考えた上での価格設定でなければなりません。ただ、具体的な数字を詰め込んだ原価計算を盾に取るようにしてお客様と交渉してしまうと、決裂は目に見えています。相場感覚は相手あってのもので、交渉時には、「もう一声」と毎回のように値下げを要求してくるようなお客様がいたり、こちらからも「もう少し何とかなりませんか」とお願いしたりということがありますから、そのあたりの柔軟性は持ち合わせたほうがいいでしょう。「これが原価だ」と相手に押し付けるような姿勢では、独りよがりに陥り、交渉は成立しません。

2-7 言いなりにならず、言葉の真意を汲み取って対応する

【吉野家エクスペリエンス】

吉野家の企業理念に、「一人でも多くのお客様に満足を提供し続ける」というものがあります。私が在籍していた当時もお客様第一を掲げていました。マニュアルにはない〝つゆだく〟や〝ネギだく〟などという注文の仕方が存在するのもその名残でしょう。

マニュアル一辺倒にならず、融通が利くところも魅力ですが、朝定食の提供時間は厳守でした。多店舗展開しているので、「〇〇店では対応してくれた」ということにならないように、各店舗が足並みをそろえています。

私が勤務していた時は午前6時に朝定食の提供を開始していましたが、ある日、5時55分にいらしたお客様が「朝定食、納豆」とぶっきらぼうに言い放ちました。ここは融通してはいけないところなので、

「朝定食は6時からになります」

「5分くらいいいだろ」
「申し訳ございません、それはちょっと……」
というやり取りの後、そのお客様は、
「朝から牛丼かよぉ」
と言い放ち、不本意な様子で牛丼を食べました。正直なところ、「料亭じゃないんだから
そんな融通は利かないよ」と言いたくなりましたが、ぐっと飲みこんで、この件を8時に
引継ぎにきた社員に話しました。いや、愚痴りました。
するとその社員は意外な言葉を返してくれました。
「そういうときは、『時間前に提供はできませんが、時間までお待ちいただいてもいいで
すよ』と言えば、お客様は『えっ？ 待っていていいの？』と意外に思うはずだし、『お
待ちいただければ、一番に提供いたします』と言えば、お客様は『一番』という言葉に喜
ぶはずだよ」
と教えてくれたのです。これには驚かされました。
私の頭の中には「朝定食は6時から、6時前だから提供できない」しかありませんでした。
一方、お客様は「5分くらいいいだろ」という不満だけが残ってしまったに違いありま

せん。お客様の要望をもっと柔軟に受け入れていればそんな結果にはならなかったのです。

＊＊＊

そのときの経験が、今、弊社で次のように生かされています。

運送会社では、2トン、4トン、10トンというトラックの大きさを基準に会話をします。

「ウチの会社の商品10トン分を、10トン車に積んで○○市の××工業様まで運んでください」

「今日の荷物は3トン分しかないので4トン車の確保をお願いします」

といった具合です。

弊社は150台のトラックを保有していますが、お客様が運んでほしい商品の量や日にち、場所は一定ではないので、毎日パズルをしているようなものです。

ある日、「明日の朝一番で10トン分の商品を納品してほしいんだけど」と電話がありました。しかしその日は予約がいっぱいで10トン分を運べるトラックがありません。断ることはできますが、「お客様に満足を提供する」という吉野家魂に反します。そこで、「明日の朝一番にトラックは用意できないのですが、今晩20時なら3台のトラックを集めて納品が可能です。いかかですか？」と提案したところ、喜んでもらえました。

「朝一番に持ってきて」というお客様の依頼、その一点に固執していたら、お客様は困っていたことでしょう。**お客様の希望になるべく近い答えを提案・提供すること――**。朝定食からの学びです。

2-8 商品種を減らすことが業務簡素化への第一歩

【吉野家エクスペリエンス】

吉野家では、アルバイトに業務を任せるためのマニュアル化が徹底されています。その基であるマニュアルは、かなり分厚いものでしたが、商品の種類が少ないためにある程度のページ数でまとめられていたといえます。ファミリーレストランのようにメニューの多い業態では、同様のマニュアルを作成した場合、それこそ膨大なページ数になってしまいます。優秀な人であれば、膨大なマニュアルをしっかりと読みこなすのでしょうが、私のように何巻にも渡る長編小説や、分厚い本に圧倒されてしまうような人間はそうもいきません。とはいえ、ページ数を抑えれば、解説は大雑把になってしまうでしょう。

吉野家のマニュアルがしっかりしているのは、先述したとおり商品構成がシンプルであることが一つの要因です。当時、メインとなる牛丼は並・大盛・特盛の3種であり、量が異なるだけ。サイドメニューは玉子、みそ汁、お新香、ごぼうサラダ、ポテトサラダの5種類。朝定食は焼魚定食と納豆定食の2種類。ほかに牛皿とライスがありますが、これらは盛り付け方が牛丼と違うだけで、内容は基本的に同じものです。加えてビールと日本酒もありましたが、今でもすぐに思い出せるくらいのシンプルな商品構成でした。2－4で紹介した精算＝毎日の棚卸しもこうしたシンプルな商品構成だからこそ、アルバイトに任せて実施することができたのでしょう（近年は当時よりもメニューが増えています）。

＊＊＊

私が今の会社に入社したばかりの頃、「配車」という、お客様からの依頼を受けてトラックを手配する仕事を担当しました。トラックは俗に2トン車、4トン車、7トン車、10トン車などと呼ばれますが、実際には車両が持つ機能によってさまざまな呼び方があります。そして、それらのトラックがすべて同じサイズかといえば、そうではありません。用途によってさまざまなサイズがあり、例えば4トン車でも、荷台の長さが6・2mの車両もあれば、5・8mと短い車両もあります。

当時、そんなことさえ知らなかった私は、お客様から「4トン車を1台お願いします」との依頼を受けて、トラックを割り当てて車両ナンバーを報告すると、お客様から「このクルマは荷台が短いので積みきれません」と車両の変更を要求されてしまいました。

そんなやりとりが何度かあり、お客様のほうが弊社の車両に詳しいという恥ずかしい状態であることに気が付いたのです。前任者はそれが当たり前という認識で、今思えば商売道具であるにもかかわらず各トラックの仕様が無視されていたのもおかしな話なのですが、私はその後すぐに各車両の荷台サイズを計測して一覧表にしました。すると、荷台サイズはバラバラ、最大積載量もまちまちでした。私が担当した車両のうち、7トン車と呼ばれるトラックは6台ありましたが、サイズが同じなのは2台だけでした。

取引歴の長いお客様であれば、先述したように弊社の車両に詳しくなっていただいているのですが、初めてのお客様はそうではありません。荷台が短くて積みきれなくてもいけませんし、長くて納品場所に入れなくてもいけませんから非常に気を遣いました。

そのような状況は簡単には改善できませんでしたが、車両を代替えする際に、おおよそ一般的なサイズの荷台に統一していきました。幸い、古い車両が多かったので、6〜7年程度で全車の入れ替えが終わり、サイズの統一が図れました。これにより、配車業務がシンプルになり、今では担当者とお客様とのやりとりもスムーズです。

サイズがバラバラになってしまった原因は経営者の側にあるでしょう。正確にいえば、購買担当者ですが、中小の運送会社では経営者が担当することがほとんどです。

会社経営の立場からすれば安く仕入れることは重要ですが、例えばトラックメーカーから出来合いの車種を勧められるなどということもあります。中古車販売会社から新古車を勧められるといったケースもあるでしょう。

それが用途にマッチするのであれば問題ありませんが、出来合いのトラックが用途を満たしてくれることはまれです。120万円安く買ったとしても、10年乗ると考えれば、120万円÷10年÷12カ月＝1万円／月です。先述した煩わしさが解消されるのであれば、1カ月に1万円、20日稼働したとして500円／日。チリも積もれば山となりますから1日500円は痛いかもしれませんが、標準化して効率がよくなれば、1カ月に1万円多く稼ぐのは難しくありません。安値に魅了されて使いづらい車両を仕入れるより、業務の簡素化が図れるように標準化することのほうが重要です。

2-9 取引は1社だけに頼らない

【吉野家エクスペリエンス】

商品構成がシンプルな吉野家ですが、一方でそれはリスクの裏返しでもあります。

私が在籍していた時期に、イギリスでの「BSE」*について報道がなされ、吉野家では「当店の牛肉はアメリカから輸入しています」と説明していたと記憶しています。

この時、社員の方に、吉野家はアメリカ産の牛肉にこだわっているということも教えていただきました。しかし、2003年12月にアメリカでBSE問題が発覚し、アメリカ産の牛肉が輸入禁止になりました。アメリカから牛肉を輸入していた吉野家にとっては大打撃です。安倍修仁・伊藤元重著『吉野家で経済入門』によれば、当時、吉野家は2〜3カ

＊BSE――牛海綿状脳症（BSE）は牛の病気の一つ。「BSEプリオン」と呼ばれる病原体に牛が感染した場合、牛の脳の組織がスポンジ状になり、異常行動や運動失調などを示し、死亡するとされている。2009年1月に確認された牛を最後に、国内で生まれた牛でのBSE発生の報告はない。

月分の在庫を安全ストックとして考えていたそうです。それさえもなくなってしまうのですから、恐ろしい話です。

当時、私はすでに吉野家には在籍しておりませんでしたが、その苦境は想像に難くありませんでした。お世話になった気持ちが強かったので、応援と称して、牛丼の代替メニュー、特に豚丼を食べに行ったものです。

そうした苦境の中にあって、『吉野家で経済入門』によれば、BSEに限定した話ではないものの、吉野家では原料の調達がアメリカ産の牛肉に偏っているという危機感は持っており、ブラジル産やオーストラリア産などに代替した場合に、どこまで耐えられるか、どういう水準になるかを実験していたとありました。

結局、吉野家ではアメリカ産以外の牛肉では牛丼のクオリティが落ちると判断し、当時グループ会社だった「京樽」や「カレーショップPOT&POT」のメニューを導入するなどしつつ、さらなる改廃を繰り返し、2年半にも及んだ「牛肉がない」という状況を乗り切ったのです。

＊　＊　＊

中小企業では受注を一社の取引先に依存しているケースが多くあります。メインとなるお客様の要求を最優先にするため、新規の業務に手が回らないといった話も聞いたことがあります。

そうなると、自分の会社は顧客となる一社と一蓮托生、その顧客が傾いた時には同じように傾くことになってしまいます。弊社は長年お世話になったお客様が数多くあり、最大規模のお客様でも、売り上げ全体の10％と依存度を低く保っています。これは私がどうこうしたという訳ではありませんが、60年以上の業歴の中で、ご依頼いただいた仕事に対して、どのような仕事でも誠実に取り組んだ結果だと思います。

初めてお電話をいただき、お仕事のご依頼をいただくのは大変ありがたい一方で、まったく情報のない新規の取引先の場合は、仕事の内容は適正なものなのか、きちんと支払っていただけるのか、いろいろと心配な点があります。

既存の顧客の依頼が詰まっていれば、おざなりにしてしまうこともできるでしょう。しかし、**会社を成長させるためには新しい依頼にどんどんチャレンジしていく姿勢が必要です**。とはいえ、仕事の内容が適正ではなく、ドライバーに辛い思いをさせてしまったこともありました。支払いが滞るようなことも経験しました。ただし、そうしたことを恐れて、やらない言い訳にしていると、会社は衰退の一途をたどるでしょう。

また、経営者が会社を成長させようという気持ちは、「売上を伸ばそう」という気持ちとイコールになることがあります。ですから、まとまった売上が期待できるお客様にはきちんと対応しても、先述したような取引頻度の少ないお客様を後回しにしてしまう傾向があります。

しかし、まとまった売上というのは、一つひとつの仕事の積み重ねから成り立つものであり、積み重ねなしにまとまった売上などは得られないのです。積み重ねを続けてきた弊社は、気が付けばひと月に一度とか年に数回くらいの頻度のお客様の数が3桁にも及び、そうしたお客様の売上の合計が、最大規模のお客様の売上と肩を並べることもあります。

顧客の業種も多岐にわたり、コロナ禍で一部の業種の受注が激減した時も、ほかの仕事でカバーし、最終的には赤字に陥ることなく切り抜けることができました。

column

矛盾を正常に機能させる

第2章をお読みいただき、特に2-8と2-9について「矛盾している」と思われた方は多いと思います。おっしゃるとおり私の書いた内容は矛盾しています。矛盾していることを、さも悪いことのように指摘する方もいらっしゃいますが、仕事をする上で、特に経営に携わるようになると、矛盾することなんていくらでも出てきます。

私は会社を成長させていきたいと考えていますが、これにはドライバーや車両を増やし、売上を伸ばして会社の規模を大きくすることも含まれます。一方で、交通事故やトラブルなどを削減するのも会社が成長していることの重要な要素、証だと考えています。

しかし、車両を増やすことは事故の確率を上げることにつながります。細かい点の言及は避けますが、売上を上げることと事故を減らすことは「矛盾している」といえるでしょう。しかし、実際にはどちらも目指しているのです。

「グレイト・ギャツビー」で有名なアメリカの作家スコット・フィッツジェラルドは「一流の知性とは、2つの相対する考えを同時に心に抱きながら、しかも正常に機能し続けられる能力をいう」という言葉を残しています。矛盾を正常に機能させてこそ一流、ということです。私自身、まだまだ道半ばですが、そのような一流を目指しています。

【第2章のまとめ】

1 営業、社員教育を怠ると会社の成長は止まる

2 苦手なことは「潜在意識」に浸透するまで取り組む

3 こなした「量」は「質」に転化する

4 日々の業務を細分化してトラブルの原因を究明する

5 トラブル時にこそ会社の真価が問われる

6 原価計算は大切だが、独りよがりにならないように

7 お客様の依頼に固執せず、近い答えを提案しよう

8 安い仕入れに魅了されず、業務の簡素化・標準化を優先する

9 新規の依頼にはどんどんチャレンジする

第３章

【吉野家バイト式経営術②】マニュアルとロールプレイをフル活用する社員教育

3-1 社員教育は緊急性は低いが重要性は高い

【吉野家エクスペリエンス】

吉野家では、アルバイトが勤務を担当する時間帯の責任者になれるように、しっかりとした教育の仕組みがありました。マニュアルによって作業が標準化されており、その作業が日々の時間帯にすべて盛り込まれているのです。ですから、特別な研修などをしなくても、ＯＪＴで仕事を教わるだけで、お店の運営ができるようになります。

私は新規開店のスタッフとして入店したので、接客のロールプレイからスタートしましたが、通常、新人はバックヤードで洗い物の手伝いをしながら、空いている時間帯に接客のＯＪＴからスタートします。通常のシフトに加えて新人１人という形で、合間に接客を教えられるのですが、そうしたシフトを数回行い、ある程度基本的なことを教えたら戦力としてシフトに入ります。お店がオープンしてからの新人はじっくりロールプレイしていただいた自分の時よりも大変そうでしたが、何よりも同じ時間帯にシフトに入った人の負担が大きくなります。

バックヤードでの作業も、付きっきりで教えてもらえる時間はごくわずかです。お客様の少ない時間帯に作業の合間を縫うようにして教えていただきました。こちらも先述した接客と同じで、同じ時間帯にシフトに入った人の負担が大きくなります。接客もバックヤードも、教える側、つまり仕事ができる人に負担がかかってしまいます。

店舗で最優先されるのは接客です。接客は重要性も緊急性も高いので、お客様が来店されたら、作業を中断して接客するのはどこの飲食店でも同じでしょう。しかし、接客つまり緊急性も重要性も高い仕事にばかり重心を置いていると、社員教育のように緊急性が低くても大切な仕事はできなくなります。

吉野家のように多店舗展開をする場合、きちんと店舗を運営する人材は必須です。アルバイトを中心にお店を運営するのであれば、そもそも長期雇用が前提ではありませんから、アルバイトの教育を疎かにしていては、いずれ立ち行かなくなってしまうでしょう。

＊＊＊

弊社で現在雇用しているドライバーの多くは長期雇用が前提の社員です。しかし、会社を成長させていく上でドライバーの増員は不可欠ですから、社員教育は疎かにできません。

若いドライバーの中には、現状で2トン車に乗務していても「いつかは大型車に乗りたい」という希望を持っている人もいます。こうしたドライバーの希望を叶えるためにも、2トン車の後任を育て、大きな仕事を取ってくる必要があります。

経営者や管理職の年代になってくると、2、3年があっという間に過ぎてしまいますが、20代の若いドライバーからすると、同じ仕事を2、3年担当していると、「まだ大型に乗せてもらえないのか」という不満がくすぶってきます。「少し我慢しろ」と言って聞かせたとしても、**40~50代の「少し」と20代の「少し」には大きな隔たりがあります**。ですから、その隔たりをしっかりと汲み取って、対応してあげなければなりません。

一方で、大型車に乗務するということは、事故を起こせば、小さなトラックよりも被害が甚大になります。つまり、それだけ社会的に大きな責任を背負うということを自覚してもらわなければなりません。技量が追い付かないのに、大型を運転させてしまうのは大問題です。そのあたりも含めて、きちんと教育することが必須です。

2-1でも書きましたが、そうした教育の機会が、緊急性の高いトラブル対処などに飲み込まれてしまうかどうかは、経営者あるいはリーダーの気持ち次第です。**社員教育は会社を成長させるための最重要項目**と言っても過言ではありませんから、しっかりと教育する機会を確保しましょう。

3-2 全従業員が誰でも対応できることが理想

【吉野家エクスペリエンス】

会社を運営する上でいちばん理想的なのは、全従業員がすべての仕事に対応できることです。言い換えれば、「属人的*な作業をなくす」ということ。これが実現できれば、シフトを組むのも簡単。トラブルへの対処もスムーズです。

しかし、理想はあくまで理想であって、現実はそうはいきません。吉野家では徹底したマニュアル化のもと、店舗運営の仕事は標準化されていますが、スタッフはアルバイトが90%以上を占めますので、家庭の事情などでどうしても人が入れ替わります。同チェーン

*属人――特定の社員またはグループしか扱えず、他の人には引き継ぐことが難しい仕事やことがら。

がすごいのは、その理想に向けてマニュアルが整備されており、しっかりと教育の体制が整っている点です。

また1-7で紹介したように、アルバイトにも役職があり、ネームプレートに役職によってシールが貼られていました。このシールを受け取るには、ご飯と牛丼の盛り付けを「○○秒以内に、誤差○○グラム以内で行う」という試験に合格しなければなりませんでした。ですから、シールを付けたアルバイトはそれだけお店を回せるスキルが高いということです。そのような役職も含めて、シフトを組む側がアルバイトのスキルをしっかりと把握できるようになっており、今思えばそれによって本章の1節で紹介した、社員教育も含めたシフトを組むことが可能になっていたのでしょう。

＊＊＊

弊社では長年、2-9で書いたとおりの方針で仕事をしていましたが、私が入社した当初は、個々のドライバーの仕事が属人化しており、人数こそ足りているものの、1人の欠員が埋められないなどという状況も多くありました。

全従業員が誰でも対応できるという理想からは程遠いところにありましたが、まずは自分が仕事を覚えて欠員を埋められるようにするという目標から始めました。それでも、私一人ですべて覚えられるはずもなく、また、私一人が覚えたところで、2人同時に欠員が出れば、トラックは一人で2台は運転できませんから、穴を埋めることはできません。

しかし、私と同様の課題を感じていた管理職がおり、まずはスキルマップ*を作成してくれました。多岐にわたる業務を整理し、必要な資格や技量を記載した表を作成。一方、各ドライバーが現状で持っている資格と技量をリストアップして、各業務に対応できるドライバーを明確にしてくれたのです。

しかし、資格と技量が伴っていても、実際に仕事をこなせるかどうかは別の話で、すべてが機能するわけではありませんでした。ドライバーという仕事は拘束時間、労働時間が長い傾向にあり、乗務するトラックを自ら管理して、キャビン内を自分の部屋のような空間と捉える人も多くいます。このため、トラックが変わることを極端に嫌がり、ほかの人のトラックに乗ることに非常に気を遣います。そうした気質から、仕事を頼んでも拒否されるというケースもままありました。

＊スキルマップ――業務で必要となる従業員の能力やスキルなどを可視化した評価表のこと。能力マップ、力量表などといわれることもある。人材の抜擢や配置、育成にあたり、各従業員にどんなスキルがあるかを分析し、一覧表にして経営戦略に活用する。

まったくもって理想からは程遠く、諦めてしまいそうでしたが、同じ課題意識を持った社員がいてくれたことで、私も踏ん張れました。その後は組織を再編し、管理職が代走できる体制をつくり、さらに、部署によっては仕事を細分化して、各ドライバーがその中の2～3種類の仕事をこなせるように教育しました。それによって、細分化した仕事のそれぞれを複数のドライバーがこなせる体制をつくってくれたのです。

この部署は、担当課長も自ら代走をしてくれており、そうした姿勢にドライバーも共鳴したのだと思います。ただ理想に向けて指示を出しても、そのとおりに動いてくれるわけではなく、リーダーの行動についてくるものだということをあらためて理解しました。

3-3 マニュアルはロールプレイとOJTで実践してみる

【吉野家エクスペリエンス】

最近では、マニュアル作成に活用できる便利なツールがたくさんあり、スマートフォンで写真や動画も簡単に撮影できるようになりましたが、私が吉野家にいた頃のマニュアルは、文章と写真・イラストが中心でした。「百聞は一見にしかず」というとおり、理解してもらう場合、いくら言葉で説明しても、一目見てもらうことには敵いません。マニュアルは、見て理解できる部分があることが大変重要だと思います。

また、マニュアルを読んでいきなり実践できる人というのはまれです。私自身もそうでしたが、ロールプレイとOJTで少しずつ仕事を覚えていきました。やってみて内容を覚えきれていなければ、再度マニュアルに立ち返るなどしましたが、そういう点では、復習の意味でマニュアルを使うことのほうが多かったと思います。もちろん、マニュアルの中で理解できないことがあれば社員に質問しました。

＊＊＊

私は、吉野家での経験があったので、現在の会社に入社した当初に「この会社にはマニュアルが必要だ」と強く思ったのですが、作成はままなりませんでした。それでも「とにかく作ろう」と取り組んだマニュアルでしたが、出来上がったのは若い私が拙い文章で作成したもの。そして、ドライバーは文字を読むよりも身体を動かすことが好きな気質の人も多いですから、なかなか相容れること、つまり読んでもらえることは、まずありませんでした。

当時、弊社ではＩＳＯ９００１の認証取得をしていました。ＩＳＯ９００１は、顧客に提供する製品・サービスの品質を継続的に向上させていくことを目的とした品質マネジメントシステムの規格です。この規格の要求事項に「教育訓練記録の作成・保管」という項目があり、作成したマニュアルを使って教育訓練を行い、記録を作成するというところまでやってみました。読んでもらえないマニュアルでしたが、私が読みながら、説明して実際にＯＪＴを実施してみると、マニュアルの不備がたくさん見つかりました。それにＯＪＴといっても、現場の作業はドライバーのほうが知識も経験も豊富ですから、私のほうが勉強になることが多かったのです。

吉野家のようにしっかりとした内容のマニュアルならまだしも、素人が見様見真似で書いたマニュアルですから、作業の手順が何となく書いてあって、きちんと理解してもらえるものにはなっていませんでした。完璧なマニュアルを作ればいいのですが、完璧を求めれば求めるほど、内容が事細かくなり、読む側の気持ちは遠ざかってしまうでしょう。

マニュアルはロールプレイとＯＪＴで補完することを前提に作成するべきです。教える側は、何もないまま自分の経験則を口頭で伝えようとしても漏れが出てしまいますが、マニュアルがあることによってそうした不備を防げます。教わる側はロールプレイやＯＪＴを受けた後に再度マニュアルを読めば、さらに理解が深まります。

3-4 【マニュアル作成術　その1】マニュアルが必要なポイントを絞る

吉野家ではアルバイトが行うすべての業務がマニュアル化されていました。店舗でイレギュラーな対応を求められるケースが発生した場合も、その都度、対応についてのマニュアルが配布されていました。それについて、社員が一人ひとりに説明するということもなく、引継事項に「マニュアルを読んで対応してください」と書かれており、それを読んで各自で対応していたのです。しっかりしたマニュアルが根付いているからこそ、イレギュラーな事態への対応もスムーズなのでしょう。

私は吉野家のようにマニュアル化を進めたいと考えましたが、中小企業においてはそう簡単なことではありません。それでも取り掛かってみようと思いましたが、弊社は2－9

で書いたとおり、仕事内容が多岐にわたりますので、どこから手をつけてよいか分かりませんでした。しかし、**「どこから手をつけたらよいか分からない」ということは、逆にいえば「どこから手をつけてもよい」ということ**ですから、まずは作成しやすい簡単な業務から作ってみました。

そしていざ作成してみると、簡単な業務であってもきちんと理解してもらえるようにマニュアル化するのは大変でした。その上、必要に迫られているわけではないため、緊急性の高い仕事に忙殺され、なかなか作成を進めることができなかったのです。

20年くらい前のある時に、とある商品の荷下ろし作業で商品破損事故が発生しました。商品の取り扱い方を理解していれば起きるはずのない事故なのですが、荷下ろしを担当していた従業員は取り扱いを理解していなかったのです。

その商品については、ほかにもトラブルが頻発していたので、それを扱う作業に関するマニュアルの作成に取りかかりました。当時はスマートフォンなどもなく、私自身パソコンに強いわけでもなかったので、写真やイラストは使用せず、文章のみで作成しました。ですから、先述した吉野家での経験のように「マニュアルを読んで対応してください」といっても、なかなか読んでもらえず、3-3で書いたとおりOJTとの併用になりました。

しかし、マニュアルを使用してＯＪＴを行ったところ、その後、商品破損事故は激減しました。

また、10年ほど前に弊社の管理職が、納品先の作業を動画で撮影してマニュアルを作成してくれたことがありました。納品先ごとに撮影したものをＤＶＤに記録して丁寧にインデックスを付け、立派なものが完成しました。流石に、「何も知らない人が納品先に行っても作業を完了できる」ほどの内容までには至らなかったようですが、作業を事前にイメージしたり復習できるので、研修の期間は短くてすみました。

ただし、この納品先での作業内容が変化するのです。変化とは、敷地内の納品する場所が移転する、商品を置く順序が変わる、納品場所までの経路が変更になるなど、納品先によってさまざまで、激しいところでは毎月のように変わります。ですから、更新が追いつかなくなり、マニュアルは徐々に陳腐化していきました。

このように**頻繁に作業が変化してしまうところでは、思い切ってマニュアル化を諦める一方で、先述したトラブルが多発している現場では、作業を標準化するためにマニュアルを作成**しました。また、**人が入れ替わる現場にもマニュアルがあると便利**です。特に新入社員に関わることは、面接時の確認事項や入社手続き、社内ガイダンスをマニュアル化しておくとスムーズです。
すべて完璧にマニュアル化しようとせず、
・トラブルが多発している現場の作業
・従業員の入れ替わりが多くある現場の作業
・定期的に発生する手続き
などにポイントを絞って作成しましょう。

3-5 ［マニュアル作成術　その2］業務の「見える化」で課題発見と業務改善

当たり前の話ですが、マニュアルを作成するには対象となる業務を熟知していなければなりません。その一方で客観的な視点も必要です。実際にその業務を担当している方こそ、業務をいちばん熟知しているはずですが、客観的な視点に欠けるケースが出てきます。

また、われわれの業界は職人肌の人間ばかり。担当する仕事はよくやってくれるのですが、それを別の人に教えるのが得意という人はまれです。ですから、「マニュアルを作って」と頼んでもなかなか取り組んでもらえません。

その一方で、仕事について質問をすれば楽しそうに語ってくれますから、客観的な視点を盛り込むためにも管理職がヒアリングしながらマニュアル作成を行うべきでしょう。分からない人間が作成したほうが、分からない人に向けた丁寧なマニュアルができます。

いったん出来上がったら、作成したマニュアルを見ながらＯＪＴを実施して、不明な点を挙げてもらいます。そのようにブラッシュアップすることでマニュアルの完成度が高くなります。気をつけたいのは、業界外の人にも理解してもらう必要があるということです。われわれの業界に限ったことではありませんが、業界を超えて転職された方が仕事を覚える過程で、「この業界では常識だよ」などと言われるケースがあります。かつては、そうした論法も通用したのかもしれませんが、言われたほうからすれば、それを含めて教えてくれと思うでしょう。そうした配慮のなさが原因で業界を去っていく方も少なくないと思います。「常識」とは便利な言葉ですが、それを振りかざすことで業界が排他的になってしまう点に注意しましょう。

話を戻すと、結果として、マニュアルを作成する過程で担当者とコミュニケーションを取ることが非常に重要でした。コミュニケーションも大切ですし、経営者・管理職の目線から作業を把握することで、業務の「見える化」につながります。**仕事を複数人の目線で見ることで、さまざまな改善案が生まれます**。ドライバーは基本的に1人で作業しますから、仕事を他人の目線で見てもらう機会はあまりありません。実際に作業を観察すると、効率が悪い作業や、不安全行動*が発見されることがあります。

マニュアル作成の過程で見えてきたのは、最初に作業環境を整えるということでした。私自身もフォークリフトに乗って作業をしてみたのですが、動線上に置かれていた角材に乗り上げて、危うく商品をひっくり返しそうになりました。普段、作業をしている人間は、そこに置いてあるのが当たり前なので、自然に避けていたのですが、それこそ属人的な仕事といえます。これを踏まえ、マニュアルの記載内容は、まず作業前に動線になり得る場所をきちんと整理整頓することから始まるようになりました。

不安全行動の具体例については3-8で詳しく述べますが、「不思議な安全」というものが存在します。プロ野球の名監督・野村克也氏は「勝ちに不思議の勝ちあり、負けに不思議の負けなし」と言っていますが、安全についても同じことがいえます。「安全に不思議の安全あり、事故に不思議の事故なし」です。弊社ではまったく事故なく永年仕事をしてくれていた人が、実は不安全行動を繰り返していたということがありました。逆に、事故が起きる場合は、起きるべくして起きています。マニュアル作成の過程で安全面の課題が顕在化し、その結果、事故の削減につながりました。

3-6 ［マニュアル作成術　その3］百聞は一見にしかず。動画、写真を有効に使う

マニュアルの内容は当初はすべて文章で構成していましたが、ガテン系の職場には文章はなかなか馴染みません。残念ながら、作成して「読んでおいて」と渡してもなかなか読んでもらえず、結局ＯＪＴ用の教材となりました。

やはり、マニュアルを分かりやすくするにはイラストや写真が不可欠です。吉野家のマ

＊不安全行動――仕事において、労働者本人または関係者の安全を阻害する可能性のある行動を意図的に行うこと。

ニュアルはイラストを使って分かりやすくなっていましたが、われわれはイラストがサッと描けるわけではありませんから、イラストは選択肢からまず消えます。

近年では、写真だけでなく動画の撮影も容易に行えます。それらをどんどん利用するべきです。しかし、動画は3－4で書いたようにDVDに記録しても、プレイヤーで再生しなければならないというハードルがあります。パソコンに保存した場合、普段パソコンを使う管理者には届きやすいのですが、ドライバーまで伝わるのは難しいものです。そうした場合に弊社では、業界団体の勧めもあって「Teachme Biz」*というツールを使用しています。

このツールは、テンプレートに写真や動画を埋め込み、文章を書き加えることができます。

作成や編集はアカウントを持っている人間しかできませんが、完成したマニュアルはスマートフォンで見ることができるのです。今まで苦労して作ったマニュアルも、見てもらうことがなかなか叶いませんでしたが、これなら「見てもらう」というハードルが、文章だけのマニュアルと比べると相当低くなります。マニュアル作成ツールはほかにもたくさんあり、

1　文章中心のマニュアル向け
2　パソコンやアプリの操作マニュアル向け
3　動画マニュアル向け
4　知識共有向け

の4つに大きく分けられます。「Teachme Biz」は2と3に対応しています。

1は、私が今まで作成してきたような文章中心のマニュアル作成用です。運送会社にはなじみにくいものですが、文章だけでもきちんと理解してもらえる人ばかりの職場であれば、有効なマニュアルになるでしょう。

2は、例えばパソコンの操作で分からないことがあったときに、検索エンジンで検索してヒットしたサイトのように、パソコンやアプリの画面に説明書きを加えているようなマニュアルです。

3は、実際の作業などを動画撮影してマニュアル化できるので、角度を変えたり、引きで撮影したりして、スマートフォンで見るようにできれば、ドライバーは待ち時間などに

＊Teachme Biz――株式会社スタディスト（https://biz.teachme.jp）が開発・販売する、業務内容をステップ形式でマニュアル化できるアプリケーションサービス。写真や動画の組み込みなども可能。

作業の確認ができます。動画だけなら、編集に長けた方がいれば、ツールを使わずともYouTubeにアップロードするだけで共有できますが、作成ツールには動画の編集が行いやすいものもあるようです。

4は、業務などに関するさまざまな質問とその質問に対する回答を用意しておき、だれでもすぐに参照できるようにするものです。社内独自のFAQ*を作成するということです。私自身はマニュアルツールの専門家ではないので、どれがお勧めといえる立場ではありませんが、マニュアルは容易に見てもらうのが目的ですから、スマートフォンで確認できることが重要だと考えています。

現在、「Teachme Biz」を使って、私の仕事のマニュアル化を進めています。パソコンを使う仕事が多いので、パソコンの画面をそのまま画像ファイルにできる「Print Screen」を駆使して画像をため、必要であれば「ペイント3D」で矢印などを追加し、「Teachme Biz」に読み込んで、補足の文章を付けます。画像を保存しながら作業をすると、通常の倍くらいの時間がかかりますが、画像を基に「Teachme Biz」でマニュアル作成をするのは小一時間程度でできました。このようにしてマニュアルをためていき、もし私の身に何かあっても、それを見ながら誰かが対応できるような会社にしたいと考えています。

3-7 苦手な電話対応を繰り返しのロールプレイで克服

2-2で吉野家でのロールプレイについて紹介しました。しかし弊社は運送会社ですから、社員の8~9割はドライバーです。運転が主な仕事ですから、2-2で書いたような話し方を意識するような人はほとんどいません。そもそも、話すことがそれほど必要な仕事でもありませんから、ロールプレイを応用する機会はほとんどありませんでした。しかし、今までやっていたコンビニエンスストアへのルート配送業務が大幅に変更になるというとき、私も現場を把握するためトラックに同乗した際、ロールプレイを応用することができました。

同乗させてもらった数台のトラックの中に、話すことに極端に苦手意識を持っているドライバーがいました。彼には吃音障害があり、うまく話ができないことから、自分にはド

＊FAQ――「Frequently Asked Questions」の略。よくある質問とその回答を一問一答形式でまとめたもの。

ライバーという仕事が向いていると思っていました。

コンビニエンスストアへの配送は納品先の店舗での作業をしっかりと覚えてしまえば、イレギュラーな事態がほとんどありません。店員さんとのやり取りもあいさつ程度で済むので、彼に向いている仕事でした。しかし、業務の変更により、拠点となる物流センターに電話で報告する頻度が増加しました。彼は対面で話をする以上に電話が苦手で、報告の電話をしようとすると極度に緊張してしまい、たどたどしい話し方になってしまうのです。報告する相手も別の担当者に変わっており、彼のことを理解していない方ばかりになってしまったため、彼の報告の仕方が現場で少し問題になっていました。

通常は、そうした細かい状態までは私の耳に入ってこないことが多いのですが、たまたま同乗したトラックのドライバーが話してくれたので私の知るところとなりました。

早速、翌日に彼のクルマの助手席に乗りました。確かにたどたどしい話し方でしたが、何とか伝えようという努力はしていました。私は吉野家時代のロールプレイを思い出し、「電話をする前に、話すことをいつもより大きめの声で5回繰り返してから電話をしてみよう」と提案しました。話すことなどというのは「野村運送の○○です。××店の配送終了しました」程度でいいので、5回練習しても大した時間はかかりません。やってみてもらうと、1回目からかなりよくなりました。

その後、管理者に「社長に『練習してから電話しろ』と言われたので、今も続けてやっているらしいです」と報告を受けました。ある程度スムーズに話ができるようになって、お客様のストレスも軽減されましたが、何より彼自身が報告という苦手意識の強い仕事のストレスからある程度解放されたことが、ロールプレイのいちばんの成果でした。

仕事に変化はつきものですが、ドライバーの中には変化に付いていけずに退職してしまう人も多くいます。残念ながら、会社よりも仕事そのものに帰属意識を持つ人が多いので、変化に対して、努力して適応しようという姿勢にならず、「自分に合うほかの仕事を探そう」という発想になってしまうようです。

ドライバーの離職率が高いのはそうした点に原因があり、本件でも、そのまま放置していたら退職という話になっていたかもしれません。結果として、変化に対応する姿勢を学んでもらうことができて、このドライバーも今では20年選手になりました。その間、弊社はコンビニエンスストアの配送から撤退してしまったのですが、今も別の仕事で頑張ってくれています。帰属意識が仕事から会社に移ったことをうれしく思っています。

3-8 トラブル発生前に不安全行動を是正

【吉野家エクスペリエンス】

私は吉野家での接客で、牛丼を提供するときにどんぶりをひっくり返してお客様に向けてこぼしてしまったことがあります。詳細については5-4で後述しますが、そのミスの報告は本部まで上がり、開店当初に応援に来ていた本部の方が、「そういえば、あいつは牛丼を提供する時に手元を見ていないのが気になっていた」と言っていたと聞きました。「その時に言ってよ！」という気持ちにもなりましたが、20人いるアルバイトの細かい動作までよく見ているものだと感心させられました。とはいえ、感心したのはしばらく経ってからのことで、ミスした当初は落ち込んでそれどころではありませんでした。

＊＊＊

以前、弊社のドライバーでフォークリフトの事故を頻繁に起こしていた人がいました。トラック運転での事故はないのですが、フォークリフトになると事故を起こしてしまうのです。事故の報告書には対策を記入する欄があり、書かれているのは、「もっと気をつける」といった文言ばかりで具体性がありません。

このままお客様に迷惑をかけ続けるわけにもいきませんし、「ハインリッヒの法則」*によれば1件の重大事故の背後には29件の軽微な事故が隠れているといわれますから、重大事故を起こしてしまう前にしっかり対策しなければなりません。

吉野家で、本部社員がアルバイトの動作をよく見ていたことを思い出し、私も該当ドライバーの作業をつぶさに見てみることにしました。トラックに同乗して、作業を見てみると、フォークリフトでバック走行をする際、動き始めてから後方を確認するという不安全行動が散見されました。ほかにも、確認してから動作を行うべきところで、確認と動作が同時だったり、動作が先になったりということがありました。確認してから動作に移るのは当たり前のことなのですが、日々の作業の流れで確認がおざなりになり、順序が逆になっていることが習慣化してしまったのです。これを指摘し、徹底的に改善してもらった

＊ハインリッヒの法則――アメリカの損害保険会社の安全技師であったハーバート・ウィリアム・ハインリッヒが、ある工場で発生した数千件の労働災害を統計学的に調査した結果導き出した、事故の発生についての経験則。労働災害の分野でよく知られている。29件の事故の背後に、事故に至らない300件のヒヤリ・ハットが存在し、さらにその背後には数千もの不安全行動・不安全状態が存在するとしている。

ところ、その後、事故はパタリとなくなりました。

事故というのは、このようなちょっとした順序の違いから発生します。運転中に「伝票が足元に落ちたのを反射的に拾おうとして前方から目を離した」「信号が青に変わったので発信したら前の乗用車はまだ停止していた」「路地を曲がり切れず、慌てて切り返そうとバックしたら、後方に車がいた」などなど。長く運送会社に携わっていると、事故原因にがっかりすることも少なくありません。

私自身も事故をしていないのかと問われれば、ゼロではありませんので、偉そうなことは言えないのですが、こうした**不安全行動について、私は「たまる」**と考えています。「ハインリッヒの法則」では300件のヒヤリ・ハットの背後に、数千もの不安全行動・不安全状態が存在するとしていますが、逆に言えば不安全行動が数千たまることで、ヒヤリ・ハットとなり、それが300たまることで事故に至るのです。そうした意識を持つことで、私自身も事故を起こさなくなりましたし、そうした啓発を行うことにより会社全体でも事故は減少傾向にあります。

column

「また、社長が同じこと言っている」

社員教育に限らず、教育するに当たっては何度も同じことを言わなければなりません。相手が変われば仕方がありませんが、相手が同じでも同じことを言う必要が出てきます。正直なところ、同じことを何度も言うのはしんどい時もあります。しかし、指導する側が根を上げてはいけません。飽きずに、粘り強く、分かってもらえるまで指導し続けなければならないのです。私は、「しつこい」と思われてしまうことを極端に恐れていて、あまり何度も同じことを言えませんでした。しかし、そんな姿勢から、社員へのちょっとした指摘に踏み込めず、トラブルに発展してしまったこともありました。しつこく言わなかったことを後悔しても後の祭りです。

一方で時々思い出すのが、小・中学生時代の先生の指導です。

先生方から同じことで何度も注意されました。生徒同士では「また始まったよ」とか「またでた」などと揶揄していましたが、それは、実は先生の言っていることが浸透しているということでは、と後年思い直しました。

誰でも、自分が言った言葉に対して「また始まった」なんて思われたくはないものでしょうが、実は「また、社長が同じこと言っている」「それ何度も聞いたよ」なんて思われているくらいのほうが、自分の言いたいことが浸透しているということではないかと思うようになりました。

私自身でさえ大切にしたいと思う信条について、時に行動が伴わないなどということもありますから、繰り返し自分に言い聞かせないといけないのです。ですから、従業員に社長としての考えを理解してもらおうと思ったら、「また始まった」と思われるくらいにならないといけないし、そう思われるくらいが教育の成果ではないかと思うようになりました。

【第3章のまとめ】

1 緊急性の高い仕事にかまけて、社員教育を疎かにしない

2 属人的な作業の解消はリーダー次第

3 マニュアル作成とOJTを並行して実施

4 すべて完璧にマニュアル化しようとせず、ポイントを絞る

5 マニュアル作成過程で業務の課題や改善点を発見できる

6 見てもらいやすいマニュアル作成のために作成ツールを利用する

7 簡単なロールプレイも積み重ねることが大事

8 事故削減は不安全行動の是正から

第４章

【吉野家バイト式経営術③】社員のモチベーションを上げるコミュニケーション術

4-1 仕事のモヤモヤを気軽に話せる環境づくり

【吉野家エクスペリエンス】

吉野家では従業員のコミュニケーションを重要視していました。「コミュニケーションを大切に」と掲げているわけではありませんが、店舗の飲み会がある日に他店から応援が来て全員出席を促したり、休憩室の引継ぎノートにシフトの相談やお店であったちょっとした面白い話などが書かれていて、オープンに書き込みやすい雰囲気ができていたり――。そうしたことからコミュニケーションを大切にする雰囲気が醸成されていました。自分の仕事を終え、引き継ぎのタイミングで、社員の方々といろいろ話をさせてもらいました。

吉野家の仕事のメインは接客ですが、本当にお客様というのはさまざまで、時には嫌な思いをすることもありました。2-7で書いた朝定食の件はその一例ですが、そうした事例は枚挙にいとまがありません。

しかし、お店の話ですから、家族や友だちには伝わりづらいもの。お店の同僚や社員の方と話をすることで、こちらの言いたいことは理解してもらえるし、共感してもらえて気持ちがスッキリします。的確なアドバイスをもらえなかったり、問題自体が解決しなかったとしても、話を聞いてもらうだけで仕事のモヤモヤは解消されました。

＊＊＊

運送会社である弊社の社員の９割はドライバーです。出発すれば基本的に１人で運転して作業し、完了したら帰社します。ありがたいことに、たくさんの取引先に恵まれていますが、出勤時間も帰社時間も皆バラバラで、社員が一堂に会するという機会をつくることが非常に難しいのが現状です。２０１９年に弊社は設立60周年を迎え、記念式典を実施しましたが、その時は社員全員が出席できるように試行錯誤しました。結局、そのような時間が取れず、途中で帰らなければならない人がいたり、途中参加になってしまったりと、残念ながら全員参加は叶いませんでした。安全衛生委員会や運輸安全マネジメントに関わる講習など、また、会社の方針をしっかり伝える機会も必要ですが、このように全員出席の機会がないことに頭を悩ませていました。

ある時、コンサルティング会社から安全運転講習の提案をいただきました。せっかく講習を設けてもらっても、社員を一堂に集める機会を作ることができないので、その旨を話すと、講習の内容は、仕事を終えて帰社したドライバーに15～20分だけ残ってもらって、指導するというものでした。

そのサービスの値段はなかなか高額だったのですが、導入してみると、きちんとドライバーに内容が伝わっているようでした。しかし、こうした機会を外注化してしまうのはもったいないので、その手法を参考に、自社で講習をすることにしました。

講習以外にもドライバーといろいろな話をする機会ができ、時には愚痴めいた話も出てきますが、自分が吉野家で聞いてもらっていたことを思い出し、聴くことに努めています。

コロナ禍で人が集まることが憚られ、しばらくはこうしたミーティングも資料配布にとどめておりましたが、2023年6月より再開すると、さまざまなことが話題に挙がり、一回当たりの時間がそこそこ長くなりました。皆、話したいことがたくさんあったのだと思います。

こうした環境づくりは、「コレで完成」というものではありません。今後も改善を繰り返して、よりよい環境づくりを目指していきます。

4-2 無理に面白いことやうんちくを言わなくていい

【吉野家エクスペリエンス】

コミュニケーションを大切にするといっても、アルバイトと社員との間にはどうしても一定の距離ができてしまいます。私自身は指定された時間帯の責任者という立場になっていたので、今思えば社員の方に大変可愛がってもらいましたが、やはり当時はアルバイト同士の関係のほうが円滑で楽しいものでした。そうしたアルバイトの輪に、社長や社員も入ろうと楽しい会話をしてくれましたが、やはり年代のギャップなのか、楽しませようとしているユーモアが顰蹙《ひんしゅく》を買っていることがよくありました。

＊　＊　＊

これは私自身にも経験があり、自分で気がつくことができなかったものを含めて、何度も顰蹙を買っていると思います。「社長、さっきのはちょっと……」と咎めてくれた人に対しても、言われた直後はあまりいい反応ができていませんでしたが、今では、そうした言葉のありがたみを感じています。それくらい社長、あるいは上司の言葉は重いのです。こちらとしては、軽い冗談を言って場を和ませよう、くらいに考えていたとしても、受け入れてもらうのは難しいものです。

世間を見渡すと、政治家や企業経営者の失言報道がたくさんあります。会合時のあいさつなどの言葉尻を捉えて、失言として叩くような姿勢はどうかと思いますが、そうした失言とされる言葉のほとんどは重要ではないことです。ちょっと笑いを取ろうとしたのかな、と思えるものも多くあります。しかし、そうした失言で失脚してしまった方がいるのも確かで、そうした点からも学ぶべきでしょう。

ためになる話や偉人の言葉も同様です。誰でも新しく得た知見は披露したくなってしまうものでしょう。社長ともなればセミナーを受講したり、本を読んだりと熱心に勉強される方もいると思いますが、セミナーや本で新しく得た知見を、自分の中でしっかりとかみ砕くことができないままに、やたらに社内で使っても、相手に伝わるようなことはほぼありません。また、どんなに素晴らしい言葉でも、適切なタイミングで使わなければ伝わりません。「知見を披露したい」という私欲が強く出てしまうと、知見を無理やりねじ込むような会話になって、相手は私欲ばかりを感じてしまうことでしょう。

中小企業の社長の言葉は社員に大きな影響を与えます。ときに、言葉一つで社員のモチベーションを大きく減退させてしまったり、アイディア段階の話が伝聞で決定事項として伝わってしまったり、私自身が言葉をうまく使いこなせるほうではありませんから、「いやいや、そういうことじゃないんだ」と何度も訂正に奔走した経験があります。楽しい冗談をうまく使いこなせれば、社員との会話も弾みますし、名言を適切に使えれば相手の心に響くかもしれませんが、そうしたことを器用にできる自信がないリーダーは、とにかく真面目に一生懸命言葉を積み重ねましょう。

4-3 悪い報告でも、まずは「ありがとう」と伝える

【吉野家エクスペリエンス】

接客の仕事がある程度できるようになった頃、レシート用紙を補充する仕事を教えてもらいました。レジを設置してある台の下に備えられているレシートを発行する機器のフタ

を開けて用紙を補充し、フタを閉めるという作業ですが、実際に私がやってみた際、このフタがうまく閉まりませんでした。会計のお客様もいらしていたので、フタを強く押して閉めてしまい、それでもレシートが出るようになったのですが、違和感があったので引継時に社員に報告しました。

社員に見てもらうと、その機器はフタを開けて、補充作業がやりやすいように空いた状態でフタが固定されるような仕組みでした。フタの蝶番がロックされている状態で私が閉めてしまったので、蝶番の一部が曲がっていました。開店したばかりの時期に新品の機器を壊してしまい、「コレは怒られるなぁ」と恐々としていましたが、社員の第一声は「報告ありがとう」でした。もちろん、それから作業について指導を受けましたが、「報告してくれた際に反射的に怒ると、報告してくれなくなってしまう」とも教えてもらいました。

＊＊＊

「報・連・相」は言い古された言葉ですが、コレが完璧にできている会社はまれです。ドライバーは基本的に1人でトラックに乗ることが仕事です。上司がずっと管理できるわけではありません。ですから、ドライバーからの報告が頼りになります。

かつては、納品先で接触事故を起こしたり、商品を破損したりしても報告がなく、お客様から苦情をいただいて初めて事態を知るという恥ずかしい状況もありました。

　また、運送会社としては「あるある」な事象ですが、運んだ商品に不具合があった場合、納品先の方に「コレくらいなら大丈夫」と言われたので、そのまま納品完了としてしまい、後日、お客様経由で破損があった旨を指摘されることがあります。その場の判断で、担当者には容認していただいても、上席の方が問題視してしまうのでしょう。

　運送会社は出荷元の会社から料金を収受しているケースがほとんどで、納品先との取引はありません。納品先は出荷元に苦情を言うことになりますが、出荷元の担当者はこの件をまったく把握していない状態で苦情を受けることになるので、お客様からの評価も厳しいものになります。もちろん、その苦情は出荷元からわれわれ運送会社に伝えられます。われわれとすれば、「納品先で了解を得ている」のですが、それが通用すれば苦労はありません。ですから、納品先で起きた問題は些細なことでもドライバーからの報告が求められます。

　こうした報告は本当にありがたいもので、報告のお陰で大きな問題に発展せずに済んだ例が多々あります。ドライバーとしては、自分のちょっとしたミスをわざわざ報告したくないでしょうし、叱られるともなればなおさらでしょう。また、一方で上司が「細かいことだ」とないがしろにしていると、ドライバーの報告もおざなりになってしまいます。ですから、「報告ありがとう」の気持ちで、**報告しやすい雰囲気をつくる**とともに、細かいことでもしっかり聴くことが重要です。

4-4 社員と話すことで定着率が向上する

【吉野家エクスペリエンス】

吉野家では、お店を挙げての飲み会だけではなく、シフトが終わった後に個別に飲みに行くこともよくありました。飲みに行くだけでなく、社員のご自宅にお邪魔するなどということもありました。私が苦手と感じていた方が同席したのですが、こちらの考えすぎだったようで、その後、徐々に親しくなることができました。

飲食店、特にスピードが重視されるファストフード店では、ピークの時間帯はまさに戦場です。次々に来店されるお客様に対応するために皆必死で、指示を出す側も言葉を選んでいる余裕がありません。語気も荒くなってしまいます。ですから、お店で一緒に仕事をしていても、厳しいことばかり言われて、苦手意識を勝手にもってしまうケースがありました。私自身、接客は割と無難にこなしていましたが、バックルームの仕事となるとなかなかうまくできるようにならず、深夜、社員の方と2人のシフト勤務の際、バックルームの仕事を教わっている時にかなり厳しいことを言われました。

できない自分が悪いので仕方がないのですが、2人だけの仕事場で一方的に言われてしまうと、勤務が終わる頃にはヘトヘトになってしまいます。でも、そんな厳しい方が、3人でシフトに入った勤務後に、遊びに誘ってくれました。すでに苦手意識をもっていたので、誘われた時は「なんで??」と思いましたが、話してみるとこちらが勝手に苦手意識を持っていただけで、仕事の上での厳しい言葉も他意はなかったのだということが分かりました。

仕事を離れて個人的なコミュニケーションを取ることで、苦手だと思っていた方とも打ち解けることができたのです。この経験をふまえ、私が時間帯の責任者の時は、「忙しくなると言葉が荒くなるかもしれないけど、なっちゃったらごめんよ」と先に謝るようにしました。

先述したとおり、トラックドライバーは基本的に1人で仕事をします。一匹狼気質の人が多いのですが、そういう人こそコミュニケーションが必要です。1人で仕事をしますから、運転中に1人で考えてしまいます。仕事の不満、家庭の事情などをさまざま考えて、特に相談もなく退職を決めてしまうドライバーもいます。「そんなこと、なぜ相談してくれなかったの?」「それくらいなら対応できたのに……」などと思っても後の祭りです。

仕事場でしか接していないと、仕事以外の顔も見えてきません。昨今では社員のプライベートなことに首を突っ込むのは憚られますが、まずはこちらのプライベートについて話すことで相手も少しずつ話してくれるようになるかもしれません。プライベートな相談をしてくれるようになったときが、その後のつながりを保ついい機会です。

残念ながら、プライベートな相談の9割は「お金」です。急な物入りで、少し大きい額のお金を貸してほしいと言われることが多いのですが、そうした時はどうして必要なのかを含めて、根掘り葉掘り聞きます。お金を貸す際に大切なのは、きちんと借用書を書かせることです。手続きとしては会社でお金を出して、月々の給料から引いていく形が簡単ですが、お金を借りることの重要性が伝わりません。

＊＊＊

また、場合によってはお金を貸さないこともあります。甘やかすことになるだけで本人のためにならないケースです。以前、「140万円貸してください。今日取りに行きます」などと言われたことがありましたが、流石に現金をそんなに持っているはずもなく、まずはお金はそんな安易に借りられるものではないと諭し、そのほかにもいろいろと話をして、最終的には貸さずに済みました。

少し話がそれましたが、本人のために親身に話をすることで、その後の定着率は間違いなく向上します。

4-5 現場へ出向き、知る・分かることで会話が生まれる

【吉野家エクスペリエンス】

吉野家では社員もフランチャイズ加盟店のオーナーも、同じ現場で働きます。流石にオーナーがシフトに入ることは多くありませんが、現場のことはしっかり把握しています。

同じ店舗で働くのですから、全員が現場を共有しています。当たり前の話ですが、そうした状況なら仕事の相談もしっかりできるし、雑談も弾みます。

＊＊＊

残念ながらこのような状況をつくりづらいのが運送会社です。

ありがたいことに弊社は2-9で書いたとおり、さまざまなお客様にお世話になっています。それは一方で、さまざまな現場を担当しているということになります。ドライバーは皆それぞれが現場を支えてくれていますが、納品先も多数あり、条件も変化していきますから、すべての現場を把握するということは事実上不可能です。もちろん、管理職も社長である私もすべてを把握できているわけではありません。そうした状態ですから、ドライバーと仕事上でのコミュニケーションを取るにも、管理する側の情報が少ないために、意思の疎通が図れないケースがあります。

そうした時に**いちばんいけないのは、分かっていないのに分かったふりをすること**です。分かっていないことを間違いなく相手に察知され、信頼してもらえなくなります。

分からないのですから、正直に分からないと伝え、一緒に現場に行って教えてもらいましょう。それだけでもいいコミュニケーションになります。現場のことは現場に毎日行っている人間がいちばんよく知っていますから、よく教わって理解すれば、後々顔を合わせた時も話が弾みます。

もちろん、その現場に問題があればお客様に改善をお願いすることもありますし、ドライバーに至らない点があれば苦言を呈することもできます。そうした苦言も、現場を見ているから言えることです。事故やトラブルの原因を先手で摘み取ることにもつながります。

現場に出ればコミュニケーションが円滑になり、業務が改善に向かうことは間違いありません。現場に出ているとデスクワークができないという方もいらっしゃるかもしれませんが、パソコンを持っていればどこでも仕事ができる時代です。私は現場にもパソコンを持っていきますし、本格的なデスクワークの時は、本社の社長室（会議室を兼ねています）にはほとんどいることはなく、営業所に赴いて仕事をしています。営業所では、ドライバーや管理職の生の声が聞こえる一方で、代表番号にかかってくる営業電話や、突然の訪問に対応する必要がありません。

ある時、本社でデスクワークをしようと午後に帰社すると、営業電話や来客対応によって、そこから2時間ほどほとんど仕事にならなかったことがありました。集中したいなら、日中は営業所にいたほうが間違いなく仕事が捗ります。営業所では社員から質問を受けたり、確認を受けたりすることが多くあり、そのために自分の仕事が進まない場合もありますが、それも一つのコミュニケーションであり、社員教育の一環ですので、そちらはまったく問題ありません。本当に集中したい時は図書館や喫茶店に引きこもるのがいちばんですが、そこまでする必要はほとんどありません。

経営者は理念を確立し、理念に即した具体的な方針を現場に落とし込むべきです。具体的な方針を決めるにあたって必要なのは、現場の知識や現場の声をよく聞いて知ることです。そのためには現場でのコミュニケーションが不可欠です。

4-6 現場のルールは現場と相談して決める

【吉野家エクスペリエンス】

吉野家のマニュアルは、現場にしっかり馴染んでいたと思います。全員が同じ現場を共有しているのですから、現場から見て的外れなマニュアルは存在しませんでした。本章の

3で紹介した私の失敗談ですが、当時のお店では「力ずくでモノを扱わない」というルールがありました。お店には使用するさまざまな機器がありますが、思うとおりに動かなかったときに、力任せで動かそうとせず、周囲のスタッフに聞いてみるべきだということです。私自身はそのルールを忘れて、機器を破損してしまったのですが、結果として「こういうことになるから、力ずくはダメだよ」という反面教師になりました。このルールは、吉野家というよりは私がいたお店独自のもので、オーナー・社員の経験則から決められたものだったと記憶しています。オーナーも社員も現場に出て、さまざまな経験を積んでいるからこそ、そして同じ現場を共有しているからこそ、理にかなったルールの設定ができていました。

＊＊＊

私自身は弊社への入社当初、事故やトラブルを削減するために、それらの報告に対して原因を自分なりに考えて、これはやっちゃダメ、これはこうするべきとルールを決めていました。現場をきちんと見ずに、報告書に記載された情報だけでそんなことをやっており、いざ自分が現場に行くと、私自身がそのルールを破ってしまうなどということもありました。現場のことを分かっていない人間が決めたルールというのはろくなものではありません。当時の社員に対して、いまさらながら大変申し訳ないことをしたと反省しています。ルールを決めるのもいいのですが、そのルールが守られているかをしっかりと検証できる体制も必要です。吉野家では、常に現場に一体感がありましたから、設定したルールに対する検証も容易でした。しかし、われわれの業界のように、各社員が社外で仕事をするケースでは、ルールの検証は容易ではありません。

ですから、事故やトラブルを起こしていないドライバーに相談して、発生した事故やトラブルに対して、自分だったらどう回避するかをヒアリングし、場合によっては現場検証に赴きます。新たなルールを設定することによって現場でどのような手間が増えるのか、どのくらい時間がかかるのか、ルールが現実的なものなのかをきちんと検証しなければ、社員に過度な負担を強いることになります。

負担を感じながらもルールを守ってもらえればまだいいのですが、「こんなこと、できるわけがないだろう」とルールを守らなくなってしまうと、ほかのルールも十把一絡げ、無法状態に陥ってしまいます。

当然、ドライバーは事故やトラブルを起こしたくて起こしているわけではありません。事故やトラブルを起こしてしまうと相手や顧客に迷惑がかかってしまいますが、起因者にも大きな負担がかかります。仕事は誰かのためにするものであり、ドライバーの食い扶持を稼ぐためだけのものではないのですが、事故やトラブルによってドライバー自身に負担がかかるということを踏まえて、そうならないようなルールを設定すべきです。

最もよくないのは、対外的な体裁を繕うためのルール設定です。こうした設定で、ルールを取り決める側の「仕事をやってる感」は満たされるのかもしれませんが、現場は大変な苦労を強いられることになります。ですから、現場のルールは現場と協議して決定しなければなりません。

4-7 自腹を切って社員にごちそうをしよう

【吉野家エクスペリエンス】

このケースは、「吉野家では」と一般化できるか分かりませんが、私が勤務していた店舗では仕事が終わってからよく飲みに行ったり、食事に行ったりしていました。アルバイト同士の時もありましたが、社員の方と2人という時もあり、そうした場合は必ずご馳走してもらいました。その際、社員の方は領収書をもらっている様子はありませんでした。お店を挙げての飲み会の時は、お店の経費として支払っていたと思います。私はそこに公平性を見出しました。全員参加の機会であれば会社の経費を使うのもいいのですが、個別に食事などをする時は、シフトや個々人の都合によって頻度が違いますから、会社の経費を使っていては公平性は保たれません。

＊＊＊

社員とコミュニケーションをとるために一緒に食事したり、飲みに行ったりするのは、今も昔も変わらない有効な方法だと思います。そうした時、やはり社長の財布はアテにされることでしょう。中小企業は家族経営が多く、経理も社長の家族が担っているケースも多くあります。会社のお金も自分のお金も一緒くたという社長もいらっしゃるでしょうから、いろいろな食事会などで会社の経費を使うことも多いと思います。しかし、私は全社、あるいは部署を挙げてのイベント以外で会社のお金を使うことに否定的です。先述した吉野家での経験もありますが、個別に社員を連れて食事をする時などは、会社の経費で落とさず、自腹を切るべきだと思うのです。交際費は認められる範囲内で使い切ったほうが得だというのは分かりますが、やたらと会社のお金を使い始めると、先述した公平性が保たれないばかりか、だらしのないお金の使い方になってしまいます。

一方で経営者は社員に経費削減を訴えかけなければなりません。しかし、経営者自身がだらしのないお金の使い方をしていれば、その説得力は半減します。経費の明細を明らかにしなければ分からないというかもしれませんが、それでは家族以外に経理を任せられず、発展性のない会社にとどまってしまいます。私の知人の中には、経理担当の家族にまで怒られるような使い方をしていた方もいました。それぞれの会社のやり方ですから、一概に否定するものでもありませんが、そうした使い方が社員に理解してもらえることはないでしょう。

また、部下を抱える管理職も、時には部下にごちそうすることがあると思います。仕事、プライベートにかかわらず、食事をしながらコミュニケーションをとっていただけるのは社長としてはありがたいことです。

管理職が自費で部下にごちそうをしているのに、それより高額な報酬をもらっているはずの社長が、会社のお金でごちそうするというのはおかしな話です。冠婚葬祭も同様で、結婚式に社長と同僚を招待する、社員の家庭に不幸があって葬式に参列するという場合、社長が会社の経費でご祝儀や香典を出して、社員が自費というのはおかしな話でしょう。

私はそうした場合も会社とは別に個人で支出をしています。管理職にも会社の経費を使わせればよいという方もいらっしゃると思いますが、仕事上の付き合いと称して飲食や冠婚葬祭に経費を使い始めてしまうと際限がなくなってしまいますので、ここまでなら可能という制限を自然に設けることが大切です。一方で、先述したように、全社あるいは部署をあげてのイベントでは、ふんだんに会社のお金を使っていいとも考えています。

4-8 部下に働いてほしければ、まず自分が働こう

【吉野家エクスペリエンス】

私が在籍した吉野家の店舗では、オーナー1人と社員1人、私も含めたアルバイト十数人でスタートしました。オーナーが店長、社員が副店長という役回りでしたが、社長は社長の仕事もあるので、シフトに入るのはそれほど多くありませんでした。シフトを決めるのは副店長で、自らもしっかりシフトに入ってお店を回していました。もちろん、接客も

作業も、それらの段取りも上手で、いちばん仕事ができる方でした。しかし、副店長以外はアルバイトですから、月によってシフトを減らしたり、当日休んだりなどということもありました。ですから、副店長のシフト表を見ると、大変な労働時間になっていました。あまりにも大変そうだったので「この日、私が代わりに入りましょうか？」と提案したこともあります。

＊　＊　＊

家業に戻った当初、私は「社長の息子」ということで、周囲にはチヤホヤされましたが、それは表向きでした。何か指示を出せば、快く聞いてくれるのですが、ちょっと無理がかかる指示になると、大きく反発されました。こちらとしては「社長命令だろう！」みたいな、驕った気持ちがあったことも否めません。指示されたほうからすれば、「現場も知らないのに、偉そうなことを」といった気持ちもあったことでしょう。われわれのような労働集約型の産業は、やはり現場を知らないと話になりません。

そんな状況だったので、まずはしっかりと現場を知ろうと思い、必要な資格を取り、トラックに乗って仕事を覚えました。一時、体調不良によって停滞してしまった時期があり、時間がかかりましたが、何年かかけてある程度現場が分かるようになっていきました。

もちろん、分かるだけではなくて、実際に現場のフォローもします。ドライバーも人間ですから、体調不良で出勤できないなどということもあります。そうした時に、まさかお客様に「ドライバーが体調不良なのでトラックが出せません」と言う訳にはいきません。その場合は多少の時間の遅れは生じるものの、自らトラックに乗って代走することもあります。

個人的に会社の潮目が変わったと思える出来事があります。一日の仕事を終えて、23時頃に帰宅、風呂に入って寝ようかと思っているときに0時に出勤してくるドライバーから電話が入り、体調不良で出勤できないと伝えられました。私はそのドライバーが担当している仕事をまったく知らなかったのですが、お客様にもご協力いただき、翌日の15時ごろまでに何とか仕事をこなしました。

そうしたことが2回、3回とあったので、管理職やほかのドライバーが流石に私に同情的になり、そのドライバーに注意してくれました。社長の言うことは聞かなくても、同僚に注意されると意外とこたえるもので、その後はそうしたことがなくなりました。また、私自身がそのように現場のフォローをするので、管理職も積極的にフォローしてくれるようになったのです。

人を使うのが上手な方は、このような苦労を経なくてもうまく会社を回せるのでしょうが、私のように不器用な人間は社員が同情するくらいまで働きましょう。そうすることで、社員も意欲的に働いてくれるようになります。

column

言葉の遣い方

「私はコミュニケーションが上手です」と言える方はなかなかいらっしゃらないでしょう。コミュニケーションについて語っておきながら、実は私自身も自信がありません。コミュニケーションは円滑なものばかりではなく、時には侃々諤々の議論をすることもあります。私はそうした時、相手の言うことに納得できないものの、説得するには言葉が足りないといったケースをたくさん経験してきました。後になって、「あの時、こう言えばよかった」、「こう言ったほうが説得力があった」などと思うことも度々あります。村上春樹氏の著書『色彩を持たない多崎つくると、彼の巡礼の年』には「正しい言葉はなぜかいつも遅れてあとからやってくる」という一文があり、大変共感させられました。

常々、言葉を上手に使えるようになりたいと思っていた私は、とにかく言葉に触れる量を増やすことにしました。その手段は、読書とブログです。本を読んで活字に触れ、ブログに自ら考えているつれづれを書くことで自分の考えがまとまり、以前に比べて「あの時、こう言えばよかった」などということは少なくなりました。

とはいえ、それは自分の中でのことです。自分が納得した言葉遣いができているのと、相手にきちんと伝わっているかはまったく別の話で、伝わっているかどうかを一つひとつ確認するわけにはいかないでしょう。自分で納得できたからといって「自分は言葉をうまく使えるようになった」などと驕ってしまうようでは、かえって伝わらなくなってしまうかもしれません。

最終的に、言葉の遣い方に完璧というものはなく、「もしかしたら、伝わっていないかもしれない」というくらいの謙虚な姿勢でいることが、改善につながっていくのだと思います。

【第4章のまとめ】

1 解決に至らなくとも、とにかく話を聞く

2 軽口は不要、真面目に一生懸命社員と話す

3 報告しやすい環境を作る

4 重要な決断の前に、相談してもらえる関係構築に努める

5 社長自ら現場に赴く

6 やたらなルール設定は止め、現場と相談

7 コミュニケーションに使う経費にはメリハリをつける

8 社長以上に働く社員はいないと心得る

第５章

【吉野家バイト式経営術④】
丸く収まる、ビジネスのトラブル対処術

5-1 トラブルにすぐ対応できる体制を構築しておく

【吉野家エクスペリエンス】

吉野家では1-3で書いたように接客の順位が徹底されていましたが、例外があります。それはオーダーミスがあった場合です。メニューが少ないのでオーダーミスは多くはありませんでしたが、時々牛丼のサイズ違いやサイドメニューの提供忘れなどがありました。オーダーミスは、残念ながらお客様から指摘されないと発覚しません。ですが、一度発覚すればそのフォローが最優先になります。ほかの対応はいったん後回しにして、正しい商品との交換、あるいは提供をしていました。

＊＊＊

運送会社でのトラブルといえば、交通事故がいちばんに挙げられます。交通事故にも大小があり、また出先で発生しますから、謝罪に行くにしても事故があった場所が非常に遠方の場合もあります。入社当初、事故処理をあまり経験していなかった私は、事故の大小と、謝罪の労力を天秤にかけるようなことをしていました。しかし、さまざまな経験を経て、直接対面で謝罪することとスピードを重視することを心掛けるようになりました。

あるとき、弊社の車両が納品先近くの家の外壁に接触し、傷をつけてしまうという事故がありました。ドライバーが自ら謝罪し、弊社にも連絡があり、弊社から取引先に連絡を入れていました。外壁の所有者に連絡すると、「主人が夜になったら帰ってくるので……」とおっしゃっていたので、夜になってから連絡すればいいかと考えていました。

しかし、弊社の取引先が「自社の商品を運んでいた車両が接触して迷惑をかけた」ということで、いち早く外壁の所有者を訪問していたのです。私はそれを、夜になって再度電話した際に知り、なんとも情けない気持ちになりました。

それとは逆に、弊社の車両が迷惑をかけられたケースもあります。納品先の倉庫で停車していた弊社のトラックに、別の運送会社のトラックが接触し、現地でドライバーが謝罪を受け、相手の会社からも弊社に謝罪の連絡をいただきました。たいした事故ではなく、修理も必要かどうかというくらいで、一応、後は保険で対応すればよいと考えていたら、その日の午後に相手の会社が謝罪に来たのです。この対応には感心させられました。

そうした経験も踏まえ、吉野家でもトラブル対処が最優先だったことを思い出し、弊社もすぐさま謝罪に行ける体制を構築しました。「構築した」というとカッコいいのですが、ただそういう方針を示し、事故の速報メールを管理職のスマートフォンに届くようにしただけです。

事故の被害が大きいか小さいかというのは、加害側が決められることではありません。 ですから、「ちょっとした事故だし、わざわざ行かなくてもいいだろう」などと考えるのは失礼極まりないわけです。私が会社にいて事故の報告を受ければ、率先してどんなに遠くとも謝罪に赴きますし、私が不在の場合は管理者に行ってもらいます。

すぐに訪ねて名刺を渡すと、「遠いところ、わざわざすみません。この程度なので大丈夫ですよ」と優しい言葉をかけていただけるケースが多いのです。もちろん、大きな事故ではそういう訳にはいきませんが、小さな事故であっても、会社がこのような動きをしておくと、事故を起こしたドライバーにも反省が芽生えます。トラブルに対する謝罪はスピードが最優先です。

5-2 是々非々の対応が信頼を生む

【吉野家エクスペリエンス】

吉野家で仕事をしていて、かなり慣れてきた時のことでした。社員の方が血相を変えて私に話をしてきたのです。何でも、牛丼の原価率の数字が高過ぎることがしばしばあり、原因を追究したところ、特定のアルバイトが勤務しているときに限ってそのような状態だということでした。

どうやら、そのアルバイトが不正をしていたらしいのです。お金を盗んだり、お客様に迷惑をかけたりしたわけではないのですが、学生にありがちな軽はずみな行為でした。私には、「野村君はそんなことをしていないよね？」という確認のみでしたが、その後、そのアルバイトは退職になりました。社員の方曰く、「不正があったのだから辞めてもらった」とのことでした。

彼はアルバイトの中でもできるほうで、社員の代行としてお店を回せる人材でした。彼が抜けたらシフトが大変なことになるのは、火を見るよりも明らかです。正直私は、そうした事態があったとしても、彼を辞めさせることはないと思っていました。

その後、社員の方は彼の穴を埋めるべく、勤務時間が増えました。私は「大変だなぁ」と思いつつ、「こんなに大変になるのは分かっていたのだから、辞めさせることはないのに……」などと考えていました。

しかし、今思えばやはりダメなものはダメ。しかるべき処分をしなければ、きちんと仕事をしているほかのアルバイトにも示しがつかなくなってしまいます。自分が厳しい状態になるのを省みずに、是々非々で対処することができるのは素晴らしいと思いました。

＊＊＊

中小企業は何でも社長次第です。社長が強引に物事を決めてしまおうと思えば、おおよその場合、それで決まってしまいます。しかし、そのようなことを繰り返していたら、早晩従業員との関係に亀裂が入ってしまうでしょう。社員の要望を取り入れるか、取り入れないかも、相手によって対応が違っていてはいけませんし、事故や不祥事の際の対処についても是々非々で判断する必要があります。

弊社は65歳で定年ですが、それ以降も働くことを希望する方には働いてもらっています。

労働力不足の世の中ですから、働いていただけることは大変助かるのですが、高齢者の運転に不安はつきものです。一度、71歳のドライバーが脱輪事故を起こしたことがありました。弊社に勤務して18年、定年後もしっかりと戦力になったのですが、事故後に面談をした際、受け答えにおかしい部分があるのに気がつきました。面談に少し時間をかけてみましたが、明らかにおかしく、面談後にほかのドライバーに話を聞くと、彼の言動にやはりおかしいところがあると言います。

熟慮した結果、再度面談を行って、ドライバーとしての仕事を任せることはできないと伝えました。すると、本人も自覚があったようで、私の話を理解してくれました。その当時、弊社にはドライバーと事務の仕事しかなく、いったんは退職してもらいましたが、時々受注する簡単な事務の仕事にアルバイトとして来てもらうことにしました。是々非々の対応はしっかり行う一方で、場合によっては関係を断たずに別の仕事をお願いするという体制も生まれています。

5-3 担当者不在時のトラブルには上司や社長が対応する（ドタキャン対応は社長自ら）

【吉野家エクスペリエンス】

私がお世話になった店舗では全10人のスタッフのうち、平日はおおよそ2～3人でお店を回していました。朝から夕方が3人、夕方から深夜が3人、深夜から朝までが2人という割り振りです。多店舗に応援に行った際も同様の割り振りだったので、スタンダードなお店の体制なのだと思います。しかし、割り振られたアルバイトは私も含めてプロ意識の低い学生が中心なものですから、時々発生するのが「ドタキャン」です。

当日になって欠勤を申し出られると、対応に苦慮します。シフトに入る人数が2～3人と少ないのですから、やり繰りが大変です。1人欠けると、残った1～2人の負担は大きなものになりますし、お客様にも「はやい」が提供できなくなってしまいます。そういう時は、決まって副店長の出番で、本来のシフトが終わってもそのまま継続して次のシフトに入ることがありました。

普段でも人が足りないため、結構無理なシフトになっている副店長にさらなる負担がかかるのですから、本当に大変だったのではないかと思います。一度、私が17時から23時のシフトに入っているときに、23時からのシフトに入っているアルバイトが1人来なかったことがありました。この時は連絡もなかったので、「遅れてくるのかな？」と思いつつ、翌日は予定がなかったので勤務を続けました。何より、副店長は翌日の朝からシフトが入っていたので、前日夜から「○○さんが来ていないです」と連絡することはできませんでした。

＊＊＊

運送会社は1人のドライバーが1台のトラックを運転します。当たり前の話ですが、1人で運転できるのは1台のトラックだけです。ですから、1人がドタキャンすると、必ず代わりに運転する人が必要になります。とはいえ、人間が仕事をしているのですから、体調不良に見舞われることもあれば、ご家族に不幸があるなどということもあります。

かつて、われわれの業界では「積んだ荷物は親が死んでも届けろ」と言われていたそうですが、流石にそんな訳にはいきません。私自身も4-8で書いたように、代わりに運転したことが何度かあります。吉野家の時ほど頻度は多くないものの、ドタキャンが何度か起きれば私一人で穴埋めしきれるはずがありませんから、管理職にも協力してもらえる体制を作りました。

私が入社した当時は事業部が2つに分かれており、それぞれにドライバーが40人、管理職が4、5人ずつくらいの構成になっていました。どちらの事業部もドライバーが担当する仕事こそしっかり決まっているものの、管理職の仕事は何となく割り振られている状態でした。ですので、ドタキャンやそれ以外のトラブルがあったときに誰が対応するかも決まっていなかったのです。トラブルへの対応というのは、誰だってやりたくありませんから、管理職各々が及び腰になり、対応が後手に回ることもありました。

そうした状態ではよろしくないので、40人いるドライバーを管理職一人につきに10〜15人程度に割り振って、**組織を細分化**しました。これにより、管理職の責任が明確になり、しっかりと担当のドライバーの面倒を見てくれるようになりました。もちろん、管理職が対応しきれないケースもありますが、そうした時は私も対応に当たります。

運送会社の中にはドタキャンをフォローしないケースもあるようで、弊社も外注していた仕事をドタキャンされたことがありました。先述したように人間が仕事をしている以上、仕方がないケースもありますが、それは個人の話。組織としてしっかりフォローできなければ、会社としての信用を失ってしまいます。

5-4 上司同行で謝罪に行くことが生のロールプレイ教材になる（同行謝罪はこちらにも相手にも効果的）

【吉野家エクスペリエンス】

恥を忍んで、吉野家での私の大失敗を紹介します。23時から翌朝8時の深夜勤務の終盤、朝定食の提供が始まった6時過ぎ、客足が収まったところで一緒にシフトに入っていた方に休憩に入っていただき、私一人で来客対応をしていました。その時、いらっしゃったお客様の注文どおりに牛丼を盛り付け、提供する際に手元が狂って、カウンターの上で牛丼をひっくり返してしまったのです。座っているお客様の丁度股間のあたりにひっくり返した牛丼がごっそり載ってしまい、お客様は大激怒。「これから仕事に行くのにどうしてくれるんだ！」とすごい剣幕です。

幸いやけどなどの被害はなかったのですが、「今すぐ弁償しろ！」の一点張り、私の一存で弁償できるはずもなく、苦し紛れにお客様にはお時間をいただき、自宅にある野村運送の作業服を取りに行きました。その間、お店は来客が増えて、一緒にシフトに入っていた方も大混乱だったようです。また、私が持ってきた作業着のサイズがお客様に合わず、「何だこりゃ」とさらに激怒されて、お客様は帰ってしまいました。

いったんはお帰りになったので一安心し、引継ぎの8時に出社してきた社員にこの件を報告していると、先ほどのお客様とその方の勤務先の社長が2人で来店しました。

私は顔面蒼白です。社員が対応してくれて、どうやら近くの現場で仕事をしている方だったようで、10時に休憩になるから現場に謝罪に来るようにとのことでした。

私はそのままお店の休憩室で待機し、10時に先ほどのお客様のところに社員と共に伺いました。先ほど私が言われたのと同じ言葉で、今度は社員が散々叱責されます。自分の責任でほかの方がこれだけ責められるのを見て、なんともいえない気持ちになりました。

しかし、吉野家ではこうしたケースで弁償することはなく、クリーニング代の負担にとどめるのがルール、そこだけは譲りませんでした。なかなか納得していただけませんでしたが、最後は「もう、謝るしかないのです」という言葉でなんとか話は終わりました。

私は後で社員に怒られるものと思っていましたが、私が憔悴しているのを察したのか、

「野村君が作業服を持って行った誠意は伝わっていると思うよ」とフォローしてくれたのです。

この経験は、私にとって非常に大きな出来事でした。

①誠意をもって相手先に赴き、ひたすら謝り続けること

②それでも一線はしっかりと引くこと

③トラブルが大きければ大きいほど、部下をフォローしなければならないこと

を教えていただきました。

＊　＊　＊

謝罪での訪問は上司が同行してくれれば、説得力が増します。一方で運送会社では、ドライバーに代わって上司が行き、ドライバーが同行することはほぼありません。そのため、「本人は何してるんだ。謝りに来ないのか」とお叱りを受けることもありました。特に、交通事故の処理などでは当たり前のことです。事故の補償に関しては上司が行くべきですが、謝罪となれば本人不在では成り立ちません。私は、なるべくドライバーに同行するようにしていますが、事故の規模によってはドライバーにも大きな負担をかけるので、フォローもしっかりと行います。ドライバーを同行させることで、先方は納得感が増し、ドラ

イバーとしては上司が謝罪する現場を見ることになり、事故に対する反省も強くなりますから、上司単独での謝罪よりも効果が大きくなります。

5-5 専門外の時はお客様に頼るのも手（トラブル対処はお客様と共に）

【吉野家エクスペリエンス】

私がシフトに入っていない時でしたが、お店で大きなトラブルがありました。17時から23時の時間帯で、夕食に訪れるお客様が多くなってくる頃、ご飯を炊くためにバックルームの担当者がガス炊飯器のスイッチを入れました。マニュアルには、炊飯器のスイッチを入れたら、必ず点火しているかを確認する旨が書かれているのですが、来客数が多く忙しかったために確認をしなかったのだそうです。もちろん、確認をしなくても、きちんと点火していれば問題ありませんが、運が悪いことにその時は点火されておらず、ガスのみが出ている状態になりました。

そのままガスが漏れ続けてガス漏れ警報器が発動。安全装置が作動したため、ガスが供給されなくなりました。流石の吉野家でも、ガスの安全装置の解除法まではマニュアル化されておらず、ご飯が炊けない状態がしばらく続いたそうです。とうとうご飯が底をついて、牛丼が提供できなくなり、来店していたお客様たちに事情を説明していると、その中にたまたまガス関連の仕事をされている方がいました。その方がバックヤードに入って安全装置を解除してくれたそうです。

そこから再度炊飯を始めて、営業が再開できました。

＊＊＊

今回の例は少々極端なものですが、トラブルへの対処については、自社だけで何とかしようと思っても限界があります。私自身、若い頃は自社の不備に起因するトラブルについては、何が何でも自社で対応しようと片意地を張っていました。

ある時、納品先で弊社のトラックが接触事故を起こしてしまい、まずは現場に謝罪に伺い、今後接触事故が起きないように対策まで提案しました。しかし、納品先は弊社の直接の取引先ではありません。運送会社では、出荷元の企業が本来の取引先であり、納品先は取引先のお客様になります。

トラブルへの対処はスピード重視ですが、取引先に相談しないままに、納品先に対策まで提案してしまったことで、逆に取引先からも苦情を受けてしまいました。私自身にも「この提案が最適だ」という驕った気持ちがあったことから、先走ってしまったのだと思います。結局、弊社の取引先の担当者と、納品先へ改めて謝罪に伺い、事なきを得ましたが、もっと取引先を頼ってもよかったと考えさせられる出来事でした。

お客様の中には複数の運送会社と取引をしているケースがあります。あるとき、弊社のトラックが納品先に伺った際、一部間違えた商品を届けてしまったことが発覚し、急ぎで代わりの商品を持っていかなければならない事態になりました。この時は、お客様主導で別の運送会社に依頼し、その商品を届けていただきました。

また、運送会社同士で仕事のやり取りをする場合があります。そうした時も、お互い様で、トラブルに見舞われた時は早く動けるほうが対処します。トラブルへの対処は狭い範囲で考えていると、得られる情報や動きも限られて、最適解を見失うことになります。**お客様との情報共有を優先させ、広域で対応していくことで、最適の対処をすることができます。**

5-6 角の立たない言葉遣いでトラブルを未然に防ぐ

【吉野家エクスペリエンス】

深夜勤務は2人体制なのですが、ときおり想定外の来客数になり、対応に苦慮することもありました。ある時、ベテランの方と2人でそのような状態になっていた時に、カウンターで食事を済ませた2人のお客様がシレっと帰ろうとしました。吉野家は食事が終わって会計ですが、その会計が済んでいません。私は「あっ！　食い逃げ！」と思ったのですが、驚いて声が出ませんでした。すると、バックヤードで私よりも忙しくしていたベテランがサッとカウンターに出てきて、「お客様、お会計はお済みですか？」と尋ねたのです。2人のお客様は「あー、すみません」とお金を払って出て行き、何事もなかったように仕事は続きました。

その時は忙しく、また波風も立たずに過ぎたので、その後その件について話すことはありませんでした。私が声を出せなかったのは情けない限りですが、出したら出したで大変なトラブルになっていたでしょう。そのお客様が本当に忘れていたのか、指摘されたので忘れたふりをしたのかは定かではありませんが、私が「食い逃げだ！」と言ってしまったら、犯人扱いされたお客様からすれば大変失礼なことだし、本人が認めたとしても、警察沙汰になってしまいます。そんな事態を何事もなく回避したのですから、「流石はベテラン！」と思わされた出来事でした。

＊＊＊

言葉の遣い方というのは大変難しく、しかも、それが相手にどう聞こえるかは自分では気が付きにくいものです。発言の意味は同じでも、言葉のチョイスやタイミング、語気などで大きなトラブルに発展することがあります。

私自身の失敗談としては、従業員と仕事の相談をしている際に、改善案として話している言葉が「お金を使え」という意味にしか受け止められなかったので、安易にお金を使って解決しようという姿勢に納得がいかず、その従業員の言葉が終わる前に「ダメダメ」と却下してしまったことがあります。それが癇に障ったらしく、その場はそのまま終わったものの、その話が広まって、後に労働争議にまで発展しそうになりました。その手前で何とか収まりましたが、大変反省させられる出来事でした。

できる・できないの問題ではなく、話を最後まで聞いて、しっかりと返事をしていればそんな事態は避けられたのです。

また、従業員がお客様と電話で話をしていた時に、話している内容は理にかなっているものの、やたらと語気が強くなっていたことがありました。納品先の条件が悪く、商品の置き場がないため、持ち帰るかどうするかという話で、お客様との契約上は持ち帰っていいことになっていました。しかし、持ち帰れば当然再配送料がかかるため、お客様としてはできる限り納品をしてほしいので、何とかできないものかという要望から、弊社の担当者の語気が荒くなってしまったのです。

この時は見かねて私が仲裁に入り、電話を代わって担当者の言葉遣いを謝罪しました。しかし後日、お客様側では「運送会社を替えろ」という話まで持ち上がっており、改めて謝罪に伺うことになりました。最悪の事態は避けられましたが、こちらも、担当者が相手の意図を汲んで、押し切るような言葉遣いをしなければ、波風が立たずに済んだはずです。

言葉の遣い方は、私にとっても一生の課題ですが、普段何気なく口にする言葉が相手にどう伝わっているのか、どのような言葉遣いに気をつけるべきなのかを吟味していないと、いざというときに的確な言葉が出てくることはないでしょう。「言葉使い」ではなく「言葉遣い」なのは「気遣い」「心遣い」と同じで、気持ちの問題だからです。

column

経験という絶対値

本章の5節で私の失敗談を書かせていただきましたが、あれだけの剣幕で人に叱責されたのは、生まれて初めての経験でした。とはいえ、それは私が悪いので仕方がありませんが、接客をやっていると、横柄な態度のお客様、理不尽な要求をしてくるお客様、われ先にと順番を守らないお客様、などさまざまな方がいらっしゃって、いやな思いをすることも多くありました。

吉野家では、常連のお客様に声をかけて、楽しく会話をするということもありましたが、いいことをプラス、いやなことをマイナスで計算するとマイナスのほうが多くなると思います。そうしたマイナスを、給料をいただくことだけでなく、お店のスタッフとの仕事以外の交流で補填できたことで、アルバイトを続けられたのだと思います。

しかし、今にして思えば、すべてがいい経験でした。プラスとかマイナスなどというのは、一時の気持ちに過ぎず、「経験」は絶対値として大きく積み上がりました。そうした「経験」が、間違いなく現在の社長業の支えになっています。

私の経営者仲間には、学生時代にミスタードーナツでアルバイトをしていた方がいて、彼は当時の店長と、経営の数字を見て議論をしていたそうです。意識の低い私はそこまでできていませんでしたが、働く側の意識によって素晴らしい経験が積める一例だと思います。

近年では、飲食店に行くと、学生アルバイトらしい人は影を潜め、外国人が活躍しているのをよく見かけます。飲食業界は、われわれ運送業界と同じで「キツイ、汚い、危険」の3Kといわれています。学生から敬遠され、シニアや外国人に頼らざるを得ないと聞きますが、実際はとてもよい経験ができる職場ですので、アルバイト候補から外すのは非常にもったいないことだと思います。若い方こそ、是非とも飲食店でのアルバイトを経験していただきたいと思います。

【第5章のまとめ】

1 謝罪はスピード最優先

2 何事も是々非々で対応する

3 組織の細分化で管理職の責任を明確化

4 同行謝罪で反省を促し、フォローも忘れない

5 視野を広げて全体最適な対応をとる

6 常に相手にどう伝わるかを考えて言葉を使う

第６章

【吉野家バイト式経営術⑤】事業を拡大するためのお金と数字の管理術

6-1 お金や数字はダブルチェックが基本

【吉野家エクスペリエンス】

この章はお金の話が中心で、経営者や経営幹部向けの内容になります。

吉野家だけに限りませんが、ファストフード店で客が一万円札や五千円札で代金を支払うと、それを預かったレジ担当がバックヤードに「一万円、両替お願いします」と声をかけ、バックヤードのスタッフが一万円札を両替してレジ担当に渡し、レジ担当がレジに戻っておつりを渡すという場面に遭遇した方はいらっしゃると思います。この時、レジ担当とバックヤードのスタッフの二人ともが金額を確認していると思います。さらに、レジ担当はおつりもお客様と共に確認します。どちらもダブルチェックが徹底されているのです。そこまで確認する必要があるのかと、学生時分の私は思っていましたが、やはりダブルチェックは大切です。

＊　＊　＊

弊社では日常業務で大きな現金を扱うことはありませんが、営業所ごとにさまざまな消耗品を購入する必要がありますから、小口現金を用意しておかなければなりません。

ご承知のとおり、会社における現金の扱いはシビアで、弊社でも、できれば触りたくないという社員もいます。ですから、一時は私一人が小口現金の担当をしており、私がいないときにお金を出すことができないという状況もありました。これこそ属人化の極みです。

しかも、恥ずかしい話なのですが、私自身がどこでどう間違えたのか、出納帳の数字と現金残高が合わなくなったことがあります。合わなくなる時は、現金が足りないケースが多く、そうした時は自費で補填して数字を合わせていました。ただし、こんなことをやっていると、社員に任せた際に合わなくなった場合、まさか自費で補填させるわけにはいきません。一方、世間には、「合いませんでした」と申告し、足りないことにして自分の財布に入れてしまうなどという性悪説もあります。そんなことを考えてしまうと、ますます属人化が進んでしまうわけです。

しかしある時、吉野家でのダブルチェックを思い出して、思い切って社員に任せることにしました。ルールとして、買い物をして領収書を持ってきた人と金庫からお金を出す人、その二人が必ず目を通すということ、つまり**ダブルチェックを設定**しました。

すると、その後は現金に差異が出ることがありませんでした。もちろん、出納帳と現金残高を合わせる作業は1～2週間に一度必ず実施しています。それ以上頻度が少なくなると、合わなくなるケースが出てくるかもしれません。いずれにしても、差異が出ないということは、社員がダブルチェックを徹底してくれているということで、経営者としてとてもうれしい傾向でした。

ダブルチェックといえば、弊社は業歴が長い会社のため、現在でも現金支給の社員がいます。こちらは私の母と経理担当者で封筒詰めを行っていますが、やはりダブルチェックをしています。その上、受け取るドライバーにも、受け取ったその場で中身の金額をチェックするようにと指導しているのですが、実践してくれる社員はなかなかいません。ただし、「明細と現金が違っている」という苦情は、私が記憶する限りまったくありません。

誰にも間違いはあります。横領事件の報道などを聞くと、1人で経理を担当していた人が、魔が差してやってしまったなどというケースもあります。ダブルチェックは「魔が差す」という人間の悪い部分が出ないように抑える面もある、素晴らしい仕組みです。

6-2 社員の誰もが会社の数字を見られる体制

【吉野家エクスペリエンス】

2-4で紹介したように、吉野家ではアルバイトが一日の売上を締める日次決算の作業を行います。当日の売上や原価率などが事細かく算出されるので、おそらく材料の仕入れ単価なども見ることができたと思います。あくまで管理会計上の数字なのかもしれませんが、今振り返ればアルバイトがそうした数字まで見ることができるというのはすごいことだと思います。

＊＊＊

経営者は、売上を最大にして、経費を最小にすることを目指さなければなりません。中でも、経費削減を社員に指示する経営者は多くいらっしゃると思いますが、実際に数字を開示した上で経費を削減しようという経営者はそれほど多くないのではないでしょうか。

経営者は数字を見た上で話をしますが、聞いている社員が数字を見ていないのであれば、いくら一生懸命話をしたところで、なかなか理解してもらえるものではありません。同じ数字を共有して、その数字が経費削減の活動によってどうなったのかというところまで共有しないと、理解してもらえないでしょう。数字ばかり見ているのも問題ですが、仕事に数字が紐付いていない点も大きな問題だと思います。**自分の仕事によって、数字がどのように変わったか。その成果を実感することによって、仕事が楽しくなる**はずです。

ですから、数字はどんどん社員に開示するべきだと私は思います。開示できない理由は社長自身の側にしかないでしょう。経費の使い方に後ろめたさを感じていれば、社員に見られたくないのは当然です。個人事業主や、従業員数人の会社であればそれでもいいのかもしれませんが、さらなる成長を遂げるためには、社長と同じ方向を向いて仕事をしてくれる社員がいなければなりません。社員が同じ方向を向いて仕事をしてくれていたとしても、実は社長が私欲にまみれていたなどということになれば、仕事への熱意は減退し、最悪な場合は退職してしまうといったこともあるでしょう。

弊社では、経費だけでなく、収入も開示しています。こちらについては、残念な経験があります。

営業担当の働きによって、非常に利益率の高い仕事を獲得できたことがあります。担当するドライバーの待遇もよくすることができたのですが、その仕事で利益がしっかりと出ているると知ったドライバーが、仕事で必要な治具などを購入する際、「儲かっているんだからいいだろう」と、従来使っているモノより高価な製品を要求し始めたのです。

私の不徳の致すところで、まったくの教育不足でした。利益は「未来への投資」「内部留保」「社員に還元」と、3とおりに使うことが常道と考えていますが、そうしたセオリーが伝わっておらず、おそらく利益は経営者がひとり占めするとでも考えての言動だったのでしょう。信頼していたドライバーだったので、残念なあまり「ドライバーがこんな情けないことを言い出すくらいなら、こんな仕事はやめてしまおう」とつい言ってしまいました。周囲に止められて、仕事をやめることはありませんでしたが、「数字の開示においては、教育が伴う必要がある」ことを痛感した経験でした。

いずれにしても、私は社員に恥ずかしいお金の使い方をしたことはないと宣言できます。役員報酬はそれほど多いわけではありませんが、使ったお金はすべて記録しています。こちらも、いつ見てもらっても問題ありません。経営者にそれくらいの覚悟がないと、社員は付いてきません。社員には、個人の給料以外の、どんな数字を見てもらっても構わないのですが、残念なことに、「見たい」という社員はほとんどいません。

6-3 収支改善のカギは「細分化」

「どんぶり勘定」という言葉は誰でも聞いたことがあると思います。弊社のような中小企業では、日次決算どころか月次決算も会計士に丸投げし、月末で締めて2カ月後くらいに出来上がる月次決算を確認する程度のところが多いと思います。

2カ月前とはいえ、利益が出たかどうかは重要な指標ですが、会社全体の数字だけを追うのはまさしく「どんぶり勘定」です。残念な話ですが、運送業界には「3K」ならぬ「3D」という言葉があります。「3K」は「キツい」「汚い」「危険」ですが、「3D」は「度胸」「ド根性」「どんぶり勘定」です。「度胸」と「ド根性」はいいとしても、「どんぶり勘定」はやはりいただけません。

吉野家は牛丼屋ですが、「どんぶり勘定」とは程遠く、先述した日次決算をはじめ、数値管理が徹底されています。日次決算によって毎日の収支が算出できますが、日によっては赤字になってしまう場合もあれば、大きく利益を出す場合もあります。飲食店ではやはり、土日は客数が多く、売上が伸びますし、天気がよければ外出する人も多いので、やはり売上がアップします。

一方、平日は土日ほど客数は見込めませんし、雨が降れば客足が鈍りますから、売上は下がります。そうした変化を日次決算の数字から把握し、曜日や天候などの条件を加味して客数を予測し、アルバイトの人数を調整します。

また、時間帯によって客数も違ってきます。時間帯は大きく8時〜17時、17時〜23時、23時〜翌朝8時の3つに分けられます。8時〜17時の枠のうち、8時〜10時までは朝定食があり、定食の片付けが終わって一息つくと昼食のお客様でにぎわいます。14時くらいまでは昼食のお客様が多くいらっしゃいますが、その後17時頃までは割り箸や生姜、七味の補充、タレの調整、フロアのデッキブラシ掛けなどの作業が中心になります。私が在籍したお店では、平日はこの時間帯を3人で回しますが、土日となると4人は必要になります。しかし、9時間すべてに4人必要なわけでもないので、11時〜14時くらいまでの短時間で勤務するような方もいました。

17時〜23時の枠では18時〜20時くらいに夕食のお客様が来店されますが、それ以外の時間に割り箸や生姜、七味の補充、みそ汁ディスペンサーの清掃などの作業を行います。この時間帯も平日3人、土日は4人といった体制でしたが、22時に退社してもらうということもありました。

23時〜翌朝8時の枠は2人体制で、ちらほらと訪れるお客様の対応をしながら、ひたすら精算、窓・駐車場・トイレの清掃、朝定食の準備などの作業を行います。日次だけではなく、時間帯によっても客数が変化しますから、その変化を踏まえてしっかりと適正なシフトが組まれていました。

日次決算は、月次決算の細分化にほかなりません。日次の数字をしっかりと把握し、さらに時間帯ごとにも細分化して、それぞれに適正なシフトを組んで、作業を割り振ることで、人件費を適正に保っていました。

しかし、この采配の行き過ぎたものが「ワンオペ」でしょう。経費は削減するに越したことはありませんが、こと人件費に関していえば、削減しさえすればよいというものではありません。あくまで適正であることが大切です。

この日時決算によって牛丼の原価率も計算されていました。当時は原価率という言葉の意味を理解していませんでしたが、牛丼1杯の販売でどのくらいの粗利が出るのかが把握できる仕組みでした。そもそも、この設定が間違っていたら、商売は成り立たないでしょう。当時の吉野家は牛丼がメインの商品構成でしたが、さまざまな商品を販売するにあたって、その商品ごとの原価をしっかりと把握し、販売することで粗利がどのくらい見込めるのか、一般管理費をまかなうのにどのくらいの数量を販売する必要があるのか、そうしたことを考えて価格設定をする必要があります。

もちろん、その商品の価格設定は競合他社との相場も考慮しなければなりません。粗利を高く設定すれば販売数量は少なくて済みますが、顧客が競合他社に流れてしまうようではいけません。**お客様が喜んで買ってくれる範囲で、一番高い粗利を得られる価格設定を、細分化によって見極めましょう。**

6-4 「細分化」はポイントを絞って行う

吉野家での経験を生かして、私も「日次決算をやってみよう」と思ったわけですが、これが一筋縄にはいきませんでした。吉野家のようなシステムが構築されているわけでもなく、商品構成がシンプルなわけでもありませんから、当たり前です。いっぺんにやろうとせずに、一部の部署から少しずつ取り組んでみました。

まず取り組んだのは、商品の保管と在庫管理の仕事についてでした。弊社の車庫や倉庫でお客様の商品をお預かりし、お客様の指示のもと、商品を納品先にお届けするという仕事です。

売上は商品の入庫・出庫作業料と商品の保管料、そして納品先にお届けする運賃ですが、毎日出荷がある仕事ではなかったので、運賃はトラックの売上として扱い、この仕事からは外しました。

使用機器、保管スペースの費用は日割りです。特定の日にのみ出荷がある仕事なので、管理職が合間に出荷作業をしていましたが、そうなると人件費の割り振りに悩みました。結局、その部署の管理職全員の1カ月の人件費を、総労働時間で除して時間単価を算出し、その作業に要した時間を乗じて算出しました。

出荷がある日とない日で多少の変動はあるものの、保管料などの変動しない部分の収入の割合が大きかったため、そこできちんと粗利が見込める一方で、日次決算を実施してもあまり意味がないことが分かりました。

では、その商品を運ぶトラックのほうですが、出荷のない日は別の仕事を行っています。運ぶ商品、積込先、納品先、走行距離が毎日違いますので、こうした仕事は日時決算が有効になります。しかし、数日取り組んでみたものの、かなりの手間がかかることが分かりました。日次決算を行っても、それにかかりきりになってほかの仕事ができなくなっては本末転倒ですので、まずは1カ月のトラック1台当たりの収支を計算しました。

1台が1カ月でいただく運賃の合計売上、ここからトラックの償却費、修理費、燃料費、ドライバーの人件費などを引いた金額が粗利になります。その収支に対して粗利がきちんと見込めるトラックについては別として、粗利の低いトラックに対して、日次に細分化していくと、粗利が低い原因が見えてきます。

ルート配送を行っている部署は、売上も経費もルートによって差が出るものの、日次での大きな変動はありませんから、日次決算を行わなくても問題ないことがわかりました。一方で、こちらもそのルート配送を行っている車両が15台、ドライバーが15人いるとしたら、その15台、15人の月次の数字を1台ごと、1人ごとに細分化して収支を出します。1台が1カ月でいただく運賃が売上、ここからトラックの償却費、修理費、燃料費、ドライバーの人件費などを引いた金額が粗利になります。これはすべて四則演算で計算できますから、確認するか否かは社長のやる気次第です。

吉野家をはじめ、店舗を構えた飲食店や小売店は日々の売上が不安定ですから、日次決算を実施し、それを参照して検討し施策を打つことで、大幅な収支改善が見込めます。一方でルート配送や、不動産収入など、安定した売上が見込めるような仕事では、車両別、物件別に収支を見極める必要があるでしょう。すべてを細分化できれば素晴らしいのですが、**変化のあるところにポイントを絞って細分化**することが重要です。自社の商品を細分化して、どの仕事でどのくらいの利益が出ているのかをしっかり把握して、次の施策への判断を下すことは社長の大切な仕事です。

6-5 細分化した結果をどう読み解くか？ どう生かすか？

トラック1台当たりまで細分化すると、さまざまなものが見えてきます。きちんと粗利が出ているトラックはさておき、粗利が低い、あるいはマイナスという仕事をどうにかする必要があります。改善のために行うのは「売上を増やす」「経費を減らす」の２つしかありません。

まずは、自社内で「経費を減らす」ことに取り組みましょう。一般的な４トントラックの原価表を次ページの表２に示します。

ここでは粗利を費用の15％に設定しています。いちばん割合が大きいのが人件費ですが、ここはおいそれと削減していいものではありません。ただし、仕事内容に照らして、適正かどうかを見極めるべきです。

次に多いのは燃料費と車両費ですが、燃料費は燃費を改善していくしかありません。この表の場合では、４・５ｋｍ／ℓを5・０ｋｍ／ℓまで改善すると約４００円が削減できます。

車両費についても、９年使用するところを10年に延長すれば７００円程度削減できます。たかだか７００円かと思われるかもしれませんが、年間で７００円×２６０日＝18万２０００円になります。ただし、車両費については長く乗ればその分削減できますが、車両が古くなれば修理費が増えることもありますので、注意が必要です。

経費を削減しても改善が見込めないようであれば、「売上を増やす」ことに取り組みま

原価表

	4ｔ車	走行距離 1日あたり	年間稼働日数	稼働日数
（車両償却　9　年）		150km	260日	1日

費目		摘要										月額(円)	割合
車両費	車両償却費	車輌費		耐用年数		走行距離(1日あたり)		稼働日数					
		10,000,000	円÷	10		km×	km×	260	日＝			3,846	10.12%
	自動車税	15,000				260	日					58	0.15%
	取得税	10,000,000	×	3%	)÷9	× 260	日					128	0.34%
	重量税	8	t×	2,800		÷ 260	×	1	日			86	0.23%
	小計											4,118	10.83%
保険料	任意車両											0	
	任意対人	100,000	÷	260	×	1	日					385	1.01%
	任意対物	上記に含まれる											
	荷物保険	48,000	÷	260	×	1	日					185	0.49%
	自賠責	62,510	÷	260	×	1	日					240	0.63%
	小計											810	2.13%
燃料費	燃料費	走行距離		燃費			燃料単価		稼働日数				
		150	km÷	5.0	km/ℓ×		130	円×	1	日＝		3,900	11.64%
	油脂費	燃料費の10%										390	1.03%
	小計											4,290	11.29%
修繕費	車検整備費	300,000	円×		年÷		km×	km×	260	日＝		1,154	3.04%
	一般修理費	360,000	円×		年÷		km×	km×	260	日＝		1,385	3.64%
	ﾀｲﾔ･ﾁｭｰﾌﾞ費	タイヤ単価		本数			走行距離		稼働日数				
		25,000	円×	6	本÷50000×		150	km×	1	日＝		450	1.18%
	小計											2,988	7.86%
施設使用料		車庫	12000×12＝144000				144,000	÷	260		日＝	554	1.46%
人件費	給与	300,000	×	12	÷	260						13,846	36.43%
	賞与	600,000				260	日					2,308	6.07%
	退職引当金	240,000				260	日					92	2.43%
	労働保険料	0.9%										154	0.40%
	法定福利費	15.92%										2,719	7.15%
	福利厚生費					343						343	0.90%
	小計											20,292	53.39%
その他運送費													
運送費合計												33,052	86.96%
粗利		15%										4,958	13.04%
合計												38,010	100.00%

表2　一般的な4トントラックの原価表

す。まずはお客様への運賃交渉です。経費がかかり、粗利が出ていない仕事であることをきちんと説明できれば、お客様への説得力が違います。しかし、トラックを20台使ってもらっているお客様に対して、その中の1台の粗利が薄いからと強気で交渉するというのも褒められたものではありません。お客様あってのお仕事ですから、トラック1台の収支に対する改善も、お客様との関係性を鑑みながら進めるべきでしょう。

弊社では、トラック1台だけを使ってもらっている仕事があり、粗利の薄い仕事でしたが、低い人件費で働いてくれているドライバーがいたので何とか続けられていました。しかし、そのドライバーが都合により退職することになりました。後任を探すために募集広告を出し、ドライバーが定着するまでに教育をするなど、どんどん経費が嵩み、薄い粗利でこれらの経費を賄うのに期間を要することが分かりました。

しかし、そもそもの人件費の設定が低いので、ドライバーも定着せず、さらに募集広告にも教育にも費用がかかりました。**低い人件費に甘えていたのがいちばんいけない**ので、しっかりと人件費を払えるようにお客様と交渉し、先述した事情も包み隠さずお話しして、何とか値上げを認めていただきました。

これとは別件で、トラックを8台程度使っていただいていた仕事がありました。これも収支を細分化していくと粗利が厳しく、その上、運行管理に通常より手間がかかる状態でした。それでも、ドライバーはその仕事が好きでやっているように見えたので、継続していましたが、体力的にもハードな仕事だったので、腰を痛めるドライバーが増えてきました。若いドライバーを新たに採用して入れ替えることも検討し、若手を増員しましたが、結局腰を傷めるケースが続きました。

仕事はお客様のためにやるものなのですが、会社は儲からず、ドライバーがケガをしてしまうとなると、この仕事を継続するべきなのかを考えさせられました。何度も料金と労働条件の改善を交渉しましたが、受け入れてもらえず、最終的にその仕事からは撤退するという決断に至りました。

中小企業では交渉するにしても、撤退するにしても、最終的な決断は社長次第ですが、会社全体の数字をふわっと見ているだけでは、決断をする前の段階にも至らないでしょう。しっかり仕事をしてくれている従業員に報いるためにも、こうした交渉をしっかりと進めるべきだと考えています。

6-6 利益を出したら内部留保をつくり、資金繰りに備える

【吉野家エクスペリエンス】

吉野家は1980年7月に会社更生法を申請しています。安部修仁・伊藤元重著『吉野家の経済学』によれば、当時急成長していた吉野家には金融機関がどんどん融資をしてくれたそうです。一方で牛肉が高騰し、経費削減のために仕入れルートを変更するも、品質が保てずに客数が激減し、業績が悪化、金融機関も融資をしなくなり倒産に至ったとのことでした。

その後復活を遂げた吉野家ですが、2003年12月にはアメリカのワシントン州で狂牛病の牛が発見され、日本政府がアメリカ産牛肉の輸入を停止するという事態に見舞われます。牛丼屋が牛肉を仕入れることができないのですから、存続の危機でしょう。

しかし、吉野家の当時の安部社長は社員に対して、「大丈夫、先輩たちのお陰で1年や2年、全店が店を閉めても君たちの給料は払えるから」と話し、フランチャイズ加盟店に

は「最初は赤字になるだろうから、見切る人は見切っていただいて結構。店舗の資産価値にプラスアルファを付けて買い取ります」と交渉していたそうです。どちらも会社に内部留保があってこそできる発言です。

「内部留保」とは会社が生み出した利益から税金などを差し引いた後に残った純利益から、配当や役員賞与などを差し引き、会社の方針のもとで社内に留保することにしたお金（利益）のこと。簡単にいえば会社の貯金のようなものです。しっかり貯金があるからこそ、いざというときの出費は貯金で賄えるのです。「1年や2年」とまでは言えませんが、弊社もある日突然、売上がゼロになったとしても半年くらいは給料を払い続けることができます。

＊＊＊

中小企業では「税金を払いたくない」という経営者が散見されます。決算が近くなると、やたらと経費を使ってしまうという方もいらっしゃるようです。弊社でもかつては、えげつない使い方をしておりました。昨今ではインボイス制度の導入などで、国民や企業のお金の流れをしっかりと把握するような仕組みを作る一方、国会議員のお金の管理のずさんさは目に余るばかりですから、「税金を払いたくない」というのは私自身も思うところです。

私自身は4-7（自腹を切って社員にごちそうをしよう）で書いたような姿勢でいますが、中には経費で落としたほうが得だよ、と丁寧に教えてくれる方もいらっしゃいます。しかし、税金を払ってしっかりと利益を計上し、会社にお金を残し、内部留保を厚くすることで実務にも好影響が出てきます。

6-5でトラック8台の仕事から撤退した話を書きましたが、流石にすぐに代わりの仕事があるわけではありませんでした。トラックは売却して現金化することもできますが、ドライバーに辞めてもらう訳にもいきません。一時的な業績の落ち込みを吸収できたのは内部留保があってのことでした。内部留保がなかったら、儲かっていない、ドライバーの労働環境も悪い、改善の見込みもない、でも撤退もできないというがんじがらめになっているところでした。自ら撤退するだけでなく、**お客様の都合で仕事がなくなってしまうこともありますから、そうした事態を吸収するためにも内部留保が必要です。**

また、決算期が近くなると、保険会社の節税案件の営業員が多くやって来ます。かつては説明を聞いて、あれこれ考えていたのですが、結局これを考えている時間は無駄だということに気付きました。「弊社は節税せずに、内部留保を厚くする方針です」と決めてしまえば、営業トークなど聞く必要はなく、その分、実務に時間を使うことができます。

お金を貯めるばかりでは、一生懸命働いてくれている従業員に申し訳ありませんから、弊社では内部留保をある程度厚くしてからは、利益の1／3を内部留保、1／3を設備投資とし、残りの1／3を決算賞与として従業員に分配しています。

6-7 最優先にするのは資金繰りではなく、営業と社員教育

2-1で仕事の緊急度と重要度について書きましたが、資金繰りは間違いなく緊急度・重要度が高い仕事です。失敗すれば倒産してしまうのですから当たり前です。しかし、内部留保を厚くすることで緊急性を下げることができます。計画的に入金と支払いを管理して、足りなくなる場面で運転資金の借り入れるなどをしていても、突発的にお金が必要になるケースはいくらでも出てきます。

事故を起こせば、保険で賄える部分もありますが、自社のトラックの修理は基本的に自費です。自社のトラックが廃車などということになれば、代わりのトラックを用意するの

に大金が必要になります。車両の故障でも、大掛かりなものでは500万円もかかるケースもあり、小規模業者には厳しい金額です。資金繰りは現状を維持するために必要な仕事ですが、それをやっても現状維持に過ぎず、その後の成長が見込めるわけではありません。もちろん、先行投資の資金を融資してもらうケースは別ですが、多くの会社は現状維持のための資金繰りに陥っているのではないかと思います。

吉野家では、狂牛病でアメリカ産牛肉の輸入停止に見舞われた際、新メニューの開発を行い、半年後には黒字化を成し遂げました。通常、開発という仕事は、緊急性は低く重要度は高くなるものですが、当時の新メニュー開発は緊急性も高くなっていました。しかし、収入が激減する中で、そちらに力を入れることができたのも、社員に「大丈夫、先輩たちのお陰で1年や2年、全店舗を閉めても君たちの給料は払えるから」と言えるくらいの内部留保があったからでしょう。

私自身は、会社の創業一族の長男として生まれたので、経営者になるべくしてなりましたが、創業された方というのは、その業界の仕事が好きで自ら起業された方がほとんどだと思います。資金繰りをやりたくて経営者になったという人はいないでしょう。私自身は、正直にいうと、物流業界に特別な思い入れはなく、親が運送屋だったから跡を継ぐべく入社したという感じでした。

しかし、そんな考えでは経営者を続けられるはずもなく、仕事を好きになろうと心に決め、できる限り現場に出るよう努めてきました。その結果、いつか経営者を引退したら、別の会社で現場の仕分け作業をやりたいなどと思えるほどになりましたが、やはり社長としての実務を優先し、実務に関わっていかないと会社はよくならないでしょう。社長が現場と実務に関わって、社長の思う理想の仕事を、現場の社員にやってもらう。現場に関わることでコミュニケーションが生まれ、それ自体もいい社員教育になります。

また、社長は普段から営業にも取り組むべきです。これも実務の一環ですが、すぐに結果が出るものではないので、継続的に取り組んでいく必要があります。今ある仕事が、未来永劫続くことはありません。弊社の取引先も10年前と比較すると、大きく変化しています。少しずつでも成長することができたのは、**「この仕事がなくなったら、どうするのか？」ということを常に考えて営業を続けてきたこと**がいちばんの要因だと考えています。

資金繰りは重要ですが、緊急度を下げて、できた時間で本業に取り組むことが、会社の成長、発展につながります。

6-8 大きくなっても潰れない会社をつくるには

俗に「中小企業と腫れ物は大きくなると潰れる」と言われています。弊社はまだまだ「大きくなった」と言えるほどの企業ではなく、道半ばではありますが、倒産してしまう要素はまったくないと断言できます。企業が倒産する原因は借金です。人手不足倒産などという言葉もありますが、最終的に人員が確保できないことで売上が下がり、資金繰りに窮して倒産にいたるわけですから、やはり原因は借金です。ですから、地道に内部留保を蓄積して、実質的な無借金経営ができれば倒産のリスクは限りなくゼロに近くなります。

しかし、成長していくには借金が必要な時もあります。弊社は2021年に敷地建築面積300坪の倉庫を建て、営業拠点も倉庫に併設しました。運ぶだけではなく商品を保管する仕事もいただけるようになり、配送が営業拠点からスタートするため、業務効率も大変よくなりました。設備投資の金額は年間売上の15％強だったので、それほど大きな借入にはなりませんでした。弊社の売上規模、資産状況からすればもう少し背伸びをして、大きめの倉庫を建てることもできたのですが、取得できる土地の条件との兼ね合いもあって、この程度の投資に落ち着きました。3社の金融機関からの融資と、弊社の自己資金を合わせて投資しましたが、それでも内部留保の一部を使っただけだったので、一社の金融機関からは抵当権不要との打診をいただき、他の金融機関も右へ倣ってくれたので抵当権のない物件となりました。

昨今ではM&A市場も活況で、弊社も仲介業者、金融機関、そしてほかの運送会社から直接お話をいただくこともあります。条件に折り合いがつかないケースが多く、現状で成立したのは1件だけですが、その案件についても自己資金で賄うことができました。

こうした投資は、資金だけの問題ではなく、不動産物件やM&A案件とのご縁もありますから、自社にとって丁度よい案件があるわけではありません。そういう意味では、弊社が拾っている案件は比較的小さなもので、少々慎重すぎるかなと、反省もしています。大きな案件も当然あって、それは投資額も当然大きなものになります。融資を得ることもできるのかもしれませんが、どこまで背伸びできるのか、それは各々の会社次第、つまりは社長次第でしょう。

売上規模、利益率、自己資本比率などさまざまな要素を鑑みて慎重に決定することも必要ですが、少々無理でも社長自身が「何としてもこの事業を成功させる」という強い意志を持って臨めば何とかなるはずです。そうした設備投資が社長の「強い意志」となるか「無謀」となるかは結果でしか図れません。倒産すれば「無謀」です。「無謀」にならないためには借金と内部留保のバランスを鑑み、設備投資で薄くなった内部留保を再び厚くするような期間を設けることも必要です。

また、設備投資やM&Aで企業が成長していけば社長の目が届かなくなる部分も出ていきます。本書では社長自らが「細分化」をすることを提唱してきましたが、そうした状況を管理できる人材を育てていく必要があります。規模が大きくなっても、変わらずに細分化を続け、**細分化した組織のそれぞれのリーダーが収支をしっかりと管理してくれれば、会社は順調に成長していきます**。そして、そうした体制を構築するのはすべて社長の意思にかかっています。

column

「内部留保」の考え方

6章では「内部留保を厚くすべき」と書きましたが、内部留保は最近ではしばしば批判的に報道されます。「内部留保を貯め過ぎず、賃上げや設備投資に使うべき」などということが言われますが、内部留保は現金に限らず、設備有価証券の含み益、不動産、電話加入権など、その内訳はさまざまです。そうした中で、内部留保のすべてが現金だったとしても、それを賃上げに使えと言われてもなかなか難しいでしょう。

「賃上げ」とは従業員の賃金を上げることですが、内部留保を使って賃金を上げれば、あっという間に内部留保は底をついてしまうでしょう。「内部留保がなくなりそうだから、賃金を元に戻すね」という訳にもいきません。賃金は年間の売上の中から支払いができなければいけません。賃金に限らず、全体で「収入＞

支出」でなければ、早晩会社は立ち行かなくなってしまいます。

もう一つの「設備投資」ですが、これは各々の会社がしっかりと計画的に進めるべきものです。今ある設備が劣化するので、それを改修、立替えするためだったり、新たな設備を構築するためだったりと、その会社によって計画はさまざまです。現状の設備の改修であれば、ある程度の計画は立てられますが、新規の設備投資はタイミングもありますから計画が立てづらく、うまく資金調達ができるかが不明であれば、それに備えて内部留保を厚くしておくべきです。

何より日本は災害大国。いつ、どこで大きな災害が起きるかわかりません。新型コロナウイルスのような事態も含めて、事業の存続にかかわるようなことが起きたときに、あるかどうかわからない国の補助に頼るのではなく、確実に従業員に賃金を払える体制を整えておくべきだと思います。そのための手段の一つが内部留保を厚くすることなのです。

【第6章のまとめ】

1 ダブルチェックで属人化、間違い、不正から脱却

2 誰に見られても恥ずかしくない数字の管理が大切

3 「どんぶり勘定」ではなく「細分化」

4 変化のあるところを細分化する

5 細分化で経営課題を見出す

6 内部留保によって迅速な経営判断ができる

7 資金繰りの緊急度を下げて、本業を優先する

8 内部留保と細分化で、大きくなっても潰れない会社に

おわりに

最後までお読みいただき、誠にありがとうございます。

本書の冒頭で『うまい、やすい、はやい』と吉野家のキャッチコピーを紹介しましたが、この有名なキャッチコピーは実は時代とともに変遷しています。最初にキャッチコピーが使われたのは1959年、この時は「早い、うまい」の2つでした。築地市場から始まった吉野家が忙しい魚市場で働く人の腹を満たすために「早い」に価値を置いたので、最初に「早い」が来ています。

1968年からはそれが『早い、うまい、安い』に変わりました。牛肉価格が落ち着いたことから「安い」が追加され、「お店に入ってから会計までの流れ」でこの順序になっていたそうです。

1994年になると『うまい、はやい、やすい』に変わります。前年の冷夏により、国産米の調達が間に合わず、タイ米の使用を余儀なくされるも、味の劣化は避けられず、客数が減少してしまいました。翌年、国産米を調達できるようになった段階で、「うまい」を重視するために最初に持ってきました。

２００１年は通信機器の普及などにより世間の「はやい」の概念が変化し始めました。そうした中で、２８０円に値下げし、品質と両立させることを重視して「うまい、やすい、はやい」に変わりました。

長年、牛丼メインで商売を展開してきた吉野家も、内部の方針は時代とともに変化しています。諸説あるようですが、著書『進化論』で有名なダーウィンは「最も強いものが、あるいは最も知的なものが、生き残るわけではない。最も変化に対応できるものが生き残る」という言葉を残しています。企業も同じで、生き残っていくためには変化を恐れてはなりません。

一方で「不易流行《ふえきりゅうこう》」という言葉があります。松尾芭蕉が「奥の細道」の旅の中で見出した蕉風俳諧の理念の一つで、「不易」とはいつまでも変わらないことを指し、「流行」は時代に応じて変化することを指します。私が吉野家で働いていたのは31年前、まだ携帯電話はなく、パソコンもそれほど普及していない時代です。それだけの時を経ても、そのノウハウが現在に応用できるのは、それが仕事において「不易」だからです。

本書で書いてきた、私の経験、営業、社員教育、コミュニケーション、トラブル対処はやり方こそ不器用極まりないかもしれませんが、トータルして大切なのは「相手を思いやること」、すなわち「利他」です。人間は往々にして、自分の仕事が忙しくなれば、仕事に追われて他人のことに気が回らなくなってしまいます。しかし、自分が忙しい時こそ、周りに目を配り、他に利する行動をすることで、周囲の助けが得られて、仕事がうまく進むものです。

私は常々社員に、「自分のことも大切だけど、家族のことも大切に思っているだろう。でも、他の社員にも皆大切に思う家族がいるのだから、自分のことばかり考えてはいけない。会社全体を考えろとまで言わないが、少しずつでも大切に思える範囲を広げてほしい」と話しています。

入ったばかりの社員であっても、直に接する先輩や同僚を、管理職であれば自分の部下全員を、さらに上席になればその部署全体、またかかわりのある部署を大切にしてほしいのです。

「会社は社長の器以上に大きくならない」と言いますが、その器とは社長が社員を大切に思える範囲なのだと思います。私はまだまだ志半ばですが、本書を通して、そのような私の思いをご理解いただきたいと思っています。僭越ですが、本書を読んで共感していただいた経営者や管理職の方々の会社や部署が発展されることを願ってやみません。

最後に、本書が生まれるまでに多大なるお力添えを頂いた皆様に、心より御礼申し上げます。編集を担当してくださった合同フォレスト株式会社 山崎絵里子様、吉田孝之様のお力がなければ本書は生まれませんでした。ネクストサービス株式会社・代表取締役 松尾昭仁様、大沢治子様、和創塾主宰 上杉恵理子様には企画の段階から大変お世話になりました。そして、弊社のお客様、協力会社様とのさまざまなやり取りがあってこそ書き上げることができました。また、執筆に勤しむ私を見守ってくれた家族、そして何より、この本に書いた、今もどこかでトラックを走らせてくれている弊社社員とそのご家族の皆様、本当にありがとうございました。

令和6年6月

野村孝博

◆プロフィール

野村孝博（のむら・たかひろ）

株式会社野村運送　代表取締役

1974年、埼玉県入間市生まれ。

1992年、中央大学理工学部入学。学業の傍ら塾講師やファミリーレストランでアルバイトをするが、仕事の覚えが悪く、同僚とのコミュニケーションもうまくいかず、いずれも長続きしなかった。1993年から吉野家でアルバイトを始めると、マニュアルとロールプレイを使った教育のおかげで仕事の楽しさを知り、同僚とのコミュニケーションも円滑に取ることができるようになった。

1997年に大学を卒業後、中堅運送会社での勤務を経て、2002年4月、父親が経営する株式会社野村運送に役員として入社。吉野家のアルバイト経験で培ったノウハウを生かし、マニュアルを使った社員教育や日次決算などの数値管理を自社の業務に応用。入社時9億円だった会社の年商をグループ全体で16億円まで成長させ、交通事故をはじめとするトラブルの半減を実現。

現在もさらなる事業の拡大と、交通事故の撲滅を目指して経営に邁進している。

企画協力　ネクストサービス株式会社　代表取締役　松尾昭仁
編集協力　吉田孝之
組版・図版　株式会社プロ・アート
装　　幀　吉崎広明（ベルソグラフィック）
校　　正　菊池朋子

吉野家で学んだ経営のすごい仕組み
～全員が戦力になる！　人材育成コミュニケーション術

2024年6月24日　第1刷発行

著　者　　野村　孝博
発行者　　松本　　威
発　行　　合同フォレスト株式会社
郵便番号 184-0001
東京都小金井市関野町 1-6-10
電話 042（401）2939　FAX 042（401）2931
振替 00170-4-324578
ホームページ　https://www.godo-forest.co.jp/
発　売　　合同出版株式会社
郵便番号 184-0001
東京都小金井市関野町 1-6-10
電話 042（401）2930　FAX 042（401）2931
印刷・製本　モリモト印刷株式会社

ISBN 978-4-7726-6243-7　NDC 336　188×130